U0137238

有諸眾生。久習大乘。相應善根。今始見佛。則能入大。大不由小。因之為頓。故經說言。或有眾生。世世已來。常受我化。始見我身。聞我所說。即皆信受。入如來慧。

佛說無量壽經義疏

（淨影寺）慧遠大師◎撰
曹魏天竺三藏康僧鎧◎譯經

華夏出版公司本著「弘揚傳統文化，好書永世流傳」的理念，因舊版圖書年代久遠，囿於時空因素，在尚未能聯繫到原著作人並取得同意下，重新出版了這本著作，如有侵權，敬請著作權人或其親友和華夏出版公司聯繫，謝謝您。

佛說無量壽經義疏卷一 原疏離經別行 今將經疏合刻

曹魏天竺三藏康僧鎧譯經

隋京師淨影寺沙門慧遠撰疏

△聖教不同。略要唯二。一聲聞藏。二菩薩藏。教聲聞法名聲聞藏。教菩薩法。名菩薩藏。聲聞藏中所教有二。一聲聞聲聞。二緣覺聲聞。聲聞聲聞者。是人先來求聲聞道。常樂觀察四眞諦法。成聲聞性。於最後身値佛。爲說四眞諦法。而得悟道。本聲聞性。今復聞聲而得悟道。是故名爲聲聞聲聞。經言爲求聲聞者說四諦法。此之謂也。緣覺聲聞者。是人

本來求緣覺道。常樂觀察十二因緣。成緣覺性。於最後身值佛爲說十二緣法。而得悟道。本緣覺性。以最後身聞聲悟道。是故號曰緣覺聲聞。經言爲求緣覺者說十二緣。據此爲言。成二雖殊。同受小法。並於現在聞聲悟道。是故對斯二人所說爲聲聞藏。菩薩藏中。所立亦二。一漸。二頓。言漸入者。是人過去曾學大法。中間習小。證得小果。後還入大。大從小來。稱之爲漸。故經說言。除先修習學小乘者。我今亦令入是法中。此是漸入。言頓悟者。有諸眾生。久習大乘相應善根。今始見佛。則能入大。大不由小目之爲頓故經說言或有衆生世世已來常受我化始見我身聞我所說卽皆信受入如來慧此是頓悟漸入菩薩藉淺階遠頓悟菩薩一越解大頓漸雖殊以其當時受大處一是故對斯二人所說爲菩薩藏聖教雖衆不出此二故龍樹云佛滅度後迦葉阿難於王舍城結集法藏爲聲聞藏文殊阿難於鐵圍山集摩訶衍爲菩薩藏地持亦云佛爲聲聞菩薩行出苦道說脩多羅結集經者集爲二藏以說聲聞所行爲聲聞藏說菩薩行爲菩薩藏故知聖教無出此二此二亦名大乘小

乘半滿教等。名雖反改。其義不殊。今此經者。二藏之中菩薩藏收。爲根熟人頓教法輪。云何知頓。此經正爲凡夫人中厭畏生死求正定者。教令發心生於淨土。不從小大。故知是頓。

△已知分者。次釋其名。今言佛說無量壽經者。蓋乃標經部別名也。諸經所以皆首題其名。爲示所明法。此經宗顯無量壽佛所行所成。及所攝化。故始舉之。但彼諸經得名不同。或但就法。如涅槃等。或唯就人。如提謂經太子經等。或單就事。如枯樹經等。或偏就喻。如大雲經寶篋經等。或有就時。如時

非時經。或就處所。如楞伽經。伽耶山頂經等。或人法雙題。如維摩經。勝鬘經等。或事法並舉。如彼方等大集經等。或法喻並彰。如華嚴經。法華經等。或人法雙舉。如舍利子問疾經等。如是非一。今此經者。就人爲名。初列人。凡有四種。一舉說人。如維摩等。二舉問人。如文殊問等。三舉所說之人。如太子經等。四舉所化之人。如須摩提女玉琊經等。今此經首。通舉能說及所說人。初言佛者。舉能說人。無量壽佛者。舉所說人。起說不同。凡有五種。如龍樹說。一佛自說。二聖賢說。三諸天說。四神仙等說。五變化人說此經佛說爲簡餘四是故舉佛佛者外國語也此翻名覺覺有兩義一覺察名覺對煩惱障煩惱侵害事等如賊唯聖覺知不爲其害故名爲覺此之一義如涅槃釋二覺悟名覺對其智障無明眠寢事等如睡聖慧一起朗然大悟如睡得悟故名爲覺所對無明有其二種一是迷理性結無明迷覆實性對除於彼變妄契眞悟實名覺二事中無知迷諸法相對除於彼悟解一切善惡無記三聚等法故名爲覺故持地云於義饒益聚非義饒益聚非非義饒益聚平等開覺故名爲佛義

益是善。非義是不善。非非義是無記。於此悉知。故名爲覺。既能自覺。復能覺他。覺行窮滿。故名爲佛。言自覺者。簡異凡夫。言覺他。別異二乘。覺行窮滿。分異菩薩。是故獨此偏名爲佛。口音陳唱。目之爲說。無量壽者。是其所說。此經宣說無量壽佛所行所成及所攝化。言所行者。宣說彼佛本所起願本所修行。言所成者。說今所成法身淨土二種之果。言所攝者。普攝十方有緣衆生。同往彼國。道法化益名爲所攝。又今一切諸菩薩等學其所行。得彼所成。同其所攝。名所攝矣。此等差別不可備舉。

攝德從人。是故但云說無量壽。佛名有二種。一通。二別。如來應供等。是其通名。釋迦彌勒無量壽等。是其別稱。別中立名。乃有種種。或從種性。如釋迦佛。迦葉佛等。或從色身。如身尊佛。身上佛等。或從音聲。如妙音佛。妙聲佛等。或從光明。如普光佛等。或從內德。或就譬說。如是非一。此佛從其壽命彰名。壽有眞應。眞卽常住。性同虛空。應壽不定。或長或短。今此所論。是應非眞。於應壽中。此佛壽長。凡夫二乘不能測度知其限算。故曰無量命限稱壽。云何得知是應非眞。如觀世音及大勢至授記經說無量壽佛壽雖長遠亦有終盡。彼佛滅後觀世音大勢至次第作佛。故知是應。經者外國名脩多羅。此翻名綖。聖人言說能貫諸法。如綖貫華。故名爲綖。而言經者。綖能貫華。經能持緯。其用相似。故名爲經。若依俗訓。經者常也。人別古今。教儀常楷。故名爲常。經之與常何相關顧。將常釋經。釋言經者是經歷義。凡是一法。經古歷今。恆有不斷。是其常義。故得名常。

△此經始終。文別有三。序。正。流通。初至對曰願樂欲聞。是其由序。佛告阿難乃往過去久遠已下。是其

正宗。佛語彌勒其有得聞彼佛名號歡喜已下是其流通。化必有由。故先明序。由序既興。正陳所說。故次第二辨其正宗。聖者說法為利羣品。說經既竟。歎勝勸學。付屬傳持。故次第三辨其流通。

△序中文義雖復眾多。義要唯二。一發起序。二證信序。佛將說經。先託時處神力集眾。起所說宗。名為發起。與說為由。名發起序。證信序者。佛說經竟。阿難稟承。將傳末代。先對眾生言如是法我從佛聞。證成可信。名為證信。以此證與傳經為由。名證信序。以何義故立此二序。由經二故。經唯是一。何曾

有二。經體雖一。約人隨時。故得分二。一如來所說經。二阿難所傳經。如來所說。益在當時。阿難所傳。傳之末代。對此二經。故立兩序。對如來所說。立發起序。對阿難所傳。立證信序。然此二序。更有多義。備如常釋。

△文中初言如是我聞。是證信序。二一時以下。義有兩兼。若取本事起發之義。判屬發起。阿難引來證成可信。名爲證信。義既兩兼。不可偏取。

如是我聞。（藏本作我聞如是今依疏本）

證信序中。三門分別。一釋如是我聞有之所由。二明立意。三釋其文。有所由者。何緣經首悉有如是我聞之言。由佛敎置。佛何緣敎。阿難請故。彼何因請。由彼阿泥樓陀敎故。阿泥樓陀何緣故敎。由見阿難心憂惱故。阿難比丘何故憂惱。由見如來般涅槃故。佛將滅度。在於雙林北首而臥。是時阿難以佛將滅悲啼涕泣不能自勝。阿泥樓陀開覺阿難。汝傳法人。何不請佛未來世事。徒悲何益。阿難對曰。我今心沒憂海。知何所問。阿泥樓陀遂敎阿難請問四事。一問世尊滅後。諸比丘等以何爲師。二問世尊滅後諸比丘等依何而住。三問惡性比丘云何共居。四問一切經首。當置何字。阿難被敎。
心少惺悟。遂依請佛。佛隨答之。諸比丘等以何爲
師者。當依波羅提木叉爲師。若我住世無異於此。
木叉是戒。比丘所學。故說爲師。言諸比丘依何而
住者。當依四念處住。何謂四念處。所謂比丘依內
身修身觀精懃除世貪愛。如是依外身內外身受
心法亦如是。是謂比丘所依住處。故經說言。若住
四念處名目境界。不爲魔縛。若住五欲名魔境界。
爲魔所縛。惡性比丘云何共居者。梵檀治之。梵檀
是其默不共語。若心調伏。爲說離有無。言一切經

首置何字者。當置如是我聞佛在某方聚林等六事。由佛教故。一切經首得著如是我聞。此初門竟。次辨立意。佛本何意教置此語。爲生物信。如是云何得生信也。其如是者。阿難彰己信順佛語。導佛所說如。言佛所說是。令他眾生同己生信。其我聞者。若爲生信。阿難自是不足之人。若言此法是己所說。人多輕謗。由言此法從佛聞故。人皆歸信。信有何義。須立此言而生信乎。釋言。信者入法初門。攝法上首。凡入佛法。要先起信。故華嚴中說信爲手。如人有手。至珍寶處隨意採取。若人無手。空無所獲如是入佛法者有信心手隨意採取道法之寶若無信心空無所得信有此義故立如是我聞之言以生物信立意如是此兩門竟次釋如是我聞之言其如是者解有兩義一約法釋阿難導佛所說之言如於諸法故名爲如說理如理說事如事說因如因說果如果凡所論者皆如前事故名爲如如如法之言是當道理故名曰是是以乖法名爲非是故如法之言得稱爲是二約人解阿難導今釋迦所說如於過去一切佛說故名爲如故涅槃經云如過去佛所說不變故名如來乖諸佛說

其言則非。如諸佛說。其言則是。故曰如是。言我聞者。阿難對彼未來眾生。陳己餐說。故曰我聞。聞實是耳。何得云我。諸根之別。皆我用具。就主以彰。故云我聞。法中無人。何處有主。而言就主稱說我聞。釋言。法中雖無定主。非無假名綰御。亦得稱我。故涅槃云。譬如四兵。合以成軍。雖無定主。亦得稱言我軍勇健。我軍勝彼。此亦如是。問曰。阿難得理聖人。以何義故同凡說我。釋言。阿難雖復說我。不同凡夫。云何不同。說我有三。一見心說我。謂諸凡夫我見未亡。我見心中稱言有我。二慢心說我。謂諸學人我見雖亡慢心猶在我慢心中稱說爲我三世流布我謂無學聖人見使久亡慢使亦盡隨世流布假名說我然今阿難結集法時身居無學見慢亡除隨世流布假名說我故不同凡問曰我者假名世諦無我眞諦眞諦是勝何不就勝宣說無我乃從世諦假名說我釋言化我凡夫法須如是若不說我何由可得標別彼此令人識知故須說我是故乃至諸佛爲化亦常說我智者不怪

△一時已下義雖兩兼對前一向證信序故自下偏就發起以釋於中有三一明佛化主二從與大比

巨已下。辨其徒眾。三爾時世尊諸根悅下。如來現化而為發起阿難啟請。

一時佛住王舍城耆闍崛山中。

前中一時。舉佛化時。言其佛者。舉佛化人。住王舍等。舉佛化處。言一時者。人有異釋。今正論之。為化之辰。因之為時。於佛一代。化時眾多。簡別餘時。是故言一。一時之言。經中大有。如涅槃說。我於一時在王舍城。與彌勒菩薩共論世諦。我於一時在恆河岸。我於一時在尸首林。此言似彼。佛如前釋。住王舍者。約城通舉。此城古昔多有王住。名王舍城。

耆闍崛山。隨處別指。遶王舍城具有五山。皆有精舍。簡別餘處。是故須言耆闍崛山。此翻名爲靈鷲山也。此山多有靈仙居住。故名爲靈。亦有鷲鳥居止此山。故名爲鷲。又亦名爲鷲頭山矣。多有靈鷲居此山頂。名鷲頭山。又此山頂似鷲鳥頭。名鷲頭山」遊化處中。自之爲住。法身平等。實無棲託。示化在方。故云住耳。何不就實。乃託化乎。爲通化教。故須從化。

△第二衆中。先列聲聞。後彰菩薩。諸經多爾。何故而然。凡釋有四」。一近遠分別。諸聲聞人。多近如來。故

明佛後隨近先列。菩薩之人。多不近佛。爲是後列。聲聞何故偏近如來。菩薩不近。解有兩義。一聲聞之人。習道未久。未閑道法。雖得聖果。進止威儀。常順佛敎。如律經中。制阿那律不聽與彼女人同宿。制婆伽陀不聽飲酒。制十七童子不聽在於水中戲等。皆是羅漢順佛敎制。乃至如來般涅槃。制諸聲聞不聽食完。爲是近佛。菩薩之人。久閑道法。不假佛敎。故不近佛。二聲聞之人。現蒙佛度。捨凡成聖。荷恩深重。雖得聖果。常隨如來。圍侍供養。故多近佛。菩薩之人。雖荷佛恩。化眾生事。隨緣攝化。多不近佛。以彼聲聞多近如來。故先標列菩薩。不爾故在後列。此是第一近遠分別。二就威儀形相分別聲聞人等。執持威儀形相似佛。世共尊敬。故在先列。菩薩隨化。形儀不定。故在後列。如彼文殊一夏之中。三處安居。卽是事也。三就治分別。亦得名爲約敎分別。如龍樹釋敎有二種。一者顯示。二者祕密。依顯示敎。羅漢辟支同佛漏盡。故舉佛後。先列聲聞。菩薩隨化。現處諸漏。示爲凡夫世人。若聞在羅漢上。人多驚怪。是故後列。諸經之中。先列聲聞。多皆據此。若依甚深祕密之敎。菩薩德尊。宜在先列聲聞德劣須在後列故華嚴經先列菩薩至後祇洹重閣會中方列聲聞四多少分別如涅槃說一切眾中少者先列多者後列於彼經中聲聞眾少故在先列菩薩眾多故在後列此後一義局在涅槃餘通眾經今此且依前之二義先列聲聞後彰菩薩

△聲聞眾中文別有四一標其眾別二辨其數三歎其德四列其名

與大比丘眾

初標其眾此乃約佛以明其眾以身兼彼稱之爲

與大者外國名曰摩訶義翻有三一名爲衆如世多人名爲大衆二名爲勝勝過餘學於彼九十五種道中最爲勝上故曰摩訶三名爲大曠備高德過餘近學故名爲大比丘胡語此翻有五一名怖魔初出家時發心廣大令魔戰怯故曰怖魔如涅槃說魔云何怖魔性妬弊忌他勝己見彼勝己故懷恐怖又懼其人多化衆生同出生死空其境界故生恐怖此之一義就始彰名二名乞士既出家已無所貯畜乞求自活故曰乞士三名淨命於乞求時正命乞求離於邪命故曰淨命此之兩義據

中立名四名淨持戒既出家已精持禁戒無所毀犯名淨持戒五名破惡以持戒故離犯戒過故曰破惡此後兩義據終立稱人多名衆

萬二千人俱

二辨其數其集稱俱

一切大聖神通已達

三歎其德一切大聖歎其人高舉一例餘故云一切鈍根近學不能過故名之爲大大有二義一位高名大如下所列了本際等皆是究竟無學聖人過餘近學故名爲大二德勝名大此等皆是利根

聲聞成就勝德故名爲大會正名聖神通已達歎其德勝所爲神異故名曰神無壅曰通通別有六所謂身通天眼天耳他心宿命及與漏盡廣如別章此應具論此諸比丘於小乘中修成畢竟故曰已達問曰阿難於佛在世身居學地未得漏盡云何得名一切大聖神通已達釋言阿難雖居學地未名大聖神通已達從多以歎是故說言一切大聖神通已達問曰阿難德實未周何須在此眾中列之釋言阿難此會請主應須並列又復阿難增上利根雖居學地而成無量勝妙功德故曰大聖

於神通中解了畢竟亦名已達。上來歎德。其名曰。尊者了本際。尊者正願。尊者正語。尊者大號。尊者仁賢。尊者離垢。尊者名聞。尊者善實。尊者具足。尊者牛王。尊者優樓頻螺迦葉。尊者伽耶迦葉。尊者那提迦葉。尊者摩訶迦葉。尊者舍利弗。尊者大目揵連。尊者劫賓那。尊者大住。尊者大淨志。尊者摩訶周那。尊者滿願子。尊者離障。尊者流灌。尊者堅伏。尊者面王。尊者異乘。尊者仁性。尊者嘉樂。尊者善來。尊者羅云。尊者阿難。皆如斯等上首者也。

四列其名。於中初言其名曰者。經家總舉。次別列之。此等皆悉有德可尊。故曰尊者。了本際者。憍陳如是姓。阿若是字。阿之言無。若之言智。證無成智故曰無智。無是一切諸法本性名爲本際。於此本際知見明了名了本際。餘者。經中或有曾聞。有不聞者。於彼一萬二千人中。今此且列三十二人皆如斯等上首者也。總以結歎。

△下次列其菩薩之衆。於中有四。一標其衆別。二普賢等列其名字。三具諸菩薩無量德行下。讚歎其德。四如是之等不可稱下。總辨其數。

又與大乘衆菩薩俱。

初中又者復重之辭前列聲聞更明菩薩故云又
也與義同前辨佛兼彼故云與耳言大乘者舉法
別人乘是行用行能運通故名為乘乘別有三簡
別餘二餘二不如是以稱大乘眾菩薩俱約法舉
人非一稱眾菩薩胡語具則名為菩提薩埵傳者
略之但云菩薩此方翻之名道眾生菩提名道薩
埵名眾生良以此人內心求道備有道行以道成
人名道眾生問曰聲聞緣覺人等斯皆求道並有
道行同以道成何故獨此名道眾生釋言賢聖名
有通別通則義皆如涅槃說故彼文云須陀洹等

亦名菩薩求索盡智無生智故亦名爲佛正覺其
道不共道故但今爲分賢聖之別是故偏名大乘
衆生以爲菩薩等分賢聖何故偏名大乘衆生以
爲菩薩解有三義一就願心望果分別唯此衆生
求大菩提餘悉不求是故獨此名道衆生故地論
云一心決定願菩提獨言菩薩故二就解心望理
分別凡夫著有二乘住無不會中道是故不得名
道衆生唯有菩薩妙捨有無契會中道是故其人
名道衆生三就行分別入佛法中凡有三種一教
二義三者是行教淺義深行爲最勝聲聞鈍根從

教爲名。聲者是教。餐聲悟解。故曰聲聞。緣覺次勝。就義立名。緣者是義。於緣悟解。故稱緣覺。菩薩最上。就行彰名。以能成就自利利他俱利之道。是故其人名道。衆生故地持云。聲聞緣覺但能自度。菩薩不爾。自度度他。故名道勝。以道勝故名道衆生。

其集稱俱。

普賢菩薩。妙德菩薩。慈氏菩薩等。此賢劫中一切菩薩。又賢護等十六正士。善思議菩薩。信慧菩薩。空無菩薩。神通華菩薩。光英菩薩。慧上菩薩。智幢菩薩。寂根菩薩。願慧菩薩。香象菩薩。寶英菩薩。中住菩薩。制

行菩薩解脫菩薩皆遵普賢大士之德
次列其名於中先列賢劫之中成佛菩薩又賢護
下別餘劫中成佛菩薩就賢劫中普賢妙德與慈
氏三人別列妙德文殊慈氏彌勒姓慈故曰慈氏
字阿逸多此云無勝等者於賢劫之中其餘菩薩
此賢劫中一切菩薩約時總分就明餘劫諸菩薩
中隨勝略舉十六正士又賢護等十六正士舉初
格後總以標列善思議等就其所等隨別以列皆
遵普賢大士行者彰其所習亦得名為簡下異上
△下歎其德於中分二第一歎其權實二德二其所

修行清淨已下歎其自利利他二德。前中有三。一就自分略歎其德。二入佛法下就其勝進廣歎其德。三具足功德微妙已下。雙以結歎。具諸菩薩無量行願安住一切功德之法。遊步十方。行權方便。就初略中先歎實德。遊步以下。歎其權德。實中具諸無量行願。修行具足。行謂六度四攝等行。願謂無量菩提行願。如華嚴說。此等皆具。安住一切功德之法。成德圓備。德成無退。故曰安住。有德斯成。故曰一切。功謂功能。諸行皆有利益之功。故名為

功此功是其善行家德故名功德如清冷等水家
之德故名功德經說功德有通有別通則一切諸
行皆是別則宣說慧行爲智餘戒施等名爲功德
今就通矣德體名法權中初言遊步十方身形無
礙行權方便化行善巧隨物所宜種種異現名權
方便◯上來就其自分略歎。
△下就勝進廣歎其德於中還初歎其實德於無量
界現成佛下歎其權德。
入佛法藏究竟彼岸。
實中初言入佛法藏證會名入究竟彼岸彰果畢

竟涅槃彼岸到名究竟。

於無量世界現成等覺。

歎權德中於無量界現成正覺。總以歎之。此歎勝進故舉成佛爲權德耳。

△處兜率下別以顯之。於中具論應有十相。一昇兜率天。二來下入胎。三住胎中。四者出生。五童子相。六娉妻相。七出家相。八成佛道相。九轉法輪相。十般涅槃相。今此文中少一住胎有餘九相。

處兜率天弘宣正法。

就初相中處兜率天。身昇兜率。兜率兜術本是一名傳之音異。此云妙足。亦名知足。是欲界中第四天也。何故生此。如涅槃釋。兜率天勝。爲是偏生彼。云何勝。經自釋之。上天闇鈍。下天放逸。彼無此過。故得名勝。又修施戒。得上下天。修施戒定。生兜率天。故彼天勝。問曰。兜率欲界亂地。云何修定而生彼天。釋言。此非八禪地定。蓋乃欲界思慧心中修念佛三昧。生彼天中。名依定往生。如地論。無量料簡。不可具論。弘宣正法。口業化也。此初相竟。

捨彼天宮降神母胎。

此第二相。問曰。何故捨上天樂。爲欲使彼閻浮眾生咸荷佛恩生敬重心。故須捨之。是義云何。由捨天樂閻浮眾生咸皆念言佛捨天樂來。生閻浮慈我等故。生敬重心。問曰。於彼四生之中何故如來偏受胎生。釋言。於彼四生之中。卵生濕生果報卑劣故佛不生。化生雖勝備有多義故佛不生。如涅槃說略有八義。一劫初時眾生化生。爾時眾生其病未發。不假佛化。故佛不出。佛出世時眾生胎生。爲欲增長同生之力。故受胎生。二寄生上族表彰法勝。故受胎生。三生王種假之護法故受胎生。四欲敎人敬父母之業。故受胎生。五生上族爲息物慢故受胎生。六受胎生。爲息物謗。是義云何。若佛化生。人多誹謗。言佛是幻化。非是眞實。爲息是謗。故不化生。七爲留身益於後世。故受胎生。是義云何。若佛化生。還復化滅。如電光盡。無復遺餘。佛爲留於殘身舍利。而益於後。故受胎生。八爲同諸佛。故受胎生。三世諸佛。化胎衆生。法受胎生。故須同之。具此多義。故受胎生。第二相竟。

準餘經論。是中少一住胎之相。通此所少。第三相竟。

從右脅生。現行七步。光明顯耀。普照十方。無量佛土。

六種振動。舉聲自稱吾當於世為無上尊。釋梵奉侍天人歸仰。

此是第四出生之相。於中有三。一生處異常。二現行下所現奇特。三釋梵下天人敬養。初中從母右脇生者。世人生處不淨臭弊。佛為異之故右脇生。雖從右脇生。如出雲霧。母身安適無為無苦。第二所現奇特之中。初先明其身現奇特。舉聲已下口現奇特。身中有三。一於十方各行七步。示現丈夫奮迅之力。於十方界獨出無畏。二身光普照。令人覺知。三無量下振動大地使魔怯伏。六種動者如地經說所謂動踊振覺吼起動如車掉踊如泉涌亦如釜沸振謂下也如世空物振之則下覺者動勢令人心覺乃至空居眾生亦知吼者發聲地如麪起上來明其身相奇特舉聲已下口現奇特自唱尊號令人歸趣上來第二所現奇特第三段中天人敬養文顯可知佛德深重故使釋梵咸來奉侍人天歸仰第四相竟

示現算計文藝射御博綜道術貫練羣籍

此是第五童子之相於中有二一身具眾伎謂示算計文藝等事佛已久知隨化始學故曰示現二

博綜下。知解寬廣。博綜道術。知事寬廣。博謂廣博。綜謂綜習。仙通祕術。無不博學。名博綜道術。貫練羣籍。知教寬廣。貫謂貫通。練是委練。世俗異典。名爲羣籍。於此悉知。名貫練羣籍。第五相竟。

遊於後園。講武試藝。現處宮中色味之間。

此是第六娉妻之相。於中初言。遊於後園講武試藝。娉妻前事。如本起說。桀馬角力。名爲講武。其射金鼓。說爲試藝。現處宮中色味之間。娉妻後事。佛實離愛。隨化示居。故曰現處。問曰。何故示現此相。釋言。先受後捨。彰欲可厭。第六相竟。

見老病死悟世非常。棄國財位。入山學道。服乘白馬。寶冠瓔珞遺之令還。捨珍妙衣。而著法服。剃除鬚髮。端坐樹下。勤苦六年。行如所應。

此是第七出家之相。於中六句。合為三對。其六句者。見老病死悟世非常棄國財位。是第一句。明其所捨。如本起說。出城遊觀。東門見老。南門見病。西門見死。將斯類已悟身非常。故生厭離棄國財位。入山學道是第二句。彰其所習。北門見沙門。由見沙門。故求學道。文略不舉。此二一對。服乘白馬。寶冠瓔珞遺之令還捨珍妙衣。是第三句。重明所捨。

而著法服是第四句。彰其所受。此二一對。剃除鬚髮是第五句。重明所捨。端坐樹下是第六句。明其所作。亦明所修。勤苦六年。先同其邪。行如所應。翻邪學正。正道是其所應。修學。順而行之。此二一對。第七相竟。

△自下第八成佛道相。於中隨事次第有五。一沐湯彤垢。二靈禽下。行詣道場。三吉祥下。受草安坐。四奮大下。神力降魔。五得微妙下。現成佛道。

現五濁刹。隨順羣生。示有塵垢。沐浴金流。天按樹枝。得攀出池。

初中三句。一居濁剎。示有塵垢。言五濁者。一者命濁。報命短促。二眾生濁。人無善行。三煩惱濁。諸結增上。四者見濁。邪見熾盛。五者劫濁。饑饉疫病刀兵競起。穢土有此。名五濁剎。佛現處中。隨順羣生。示有塵垢。二沐金流。金沙河中。沐湯形垢。名沐金流。三天按樹枝。攀之出池。

靈禽翼從往詣道場。

第二段中。靈禽翼從詣道場者。如經中說。五百青雀隨從佛後。名禽翼從。此皆神鳥。故曰靈禽。佛得道處。名曰道場。如治麥處。名為麥場。治穀之處。說爲穀場。如是一切。

吉祥感徵表章功祚。哀受施草敷佛樹下。跏趺而坐

第三段中。初感吉祥而爲徵瑞。其吉祥者是刈草

人。經中亦名爲吉安也。安祥義同。佛將成道感見

此人而爲徵瑞。知己定當成吉祥果。是故名爲吉

祥感徵。即以此人表己所成功果福祚。是故名爲

表彰功祚。次從受草。佛心哀憐。身從受草。是故名

爲哀受施草。後敷而坐。依樹得佛名爲佛樹。敷此

樹下。跏趺而坐。蓋乃隨人見聞不同。若論菩薩見

佛如來。從金剛際起金剛坐。上至道場處之成佛。

如涅槃說。凡夫二乘唯見如來吉安取草敷而爲坐。如此中說。

奮大光明使魔知之。魔率官屬而來逼試。制以智力。皆令降伏。

第四段中。初奮大光使魔知之。奮猶放也。次魔來逼試。下佛降之。言以智力者。是降魔德。智謂正智。知邪不從。力謂通力。神力伏魔。亦可慈力。慈心伏魔。皆令降伏。是降魔能。魔羅胡語。此云殺者。害人善故。汎論有四。涅槃說八。言其四者。一煩惱魔。謂貪瞋等能害善法。二者陰魔。謂五陰身共相摧滅。

三者死魔能壞命根四者天魔於彼第六他化天上別有魔天好壞他善四中初一是生死因末後天魔是生死緣中間陰死是生死果此之四種大小通說言其八者前四種上更加無爲四倒之心於佛眞德常計無常樂計爲苦我計無我淨計不淨以此四種近壞正解遠障眞德故名爲魔此後四種小乘法中未以爲患不說爲魔大乘爲過故說爲魔通論此八並須降伏何故如是煩惱陰死無爲四倒妨違自行故須降伏伏法不同彼煩惱魔小乘多用諦觀降伏大乘多用空慧降伏陰魔

死魔小乘多以無餘涅槃而降伏之得滅捨故大乘多用常住法身而降伏之無爲四倒於大因中正解降伏於大果中菩提涅槃眞德降伏天魔一種妨於自行亦妨化他故須降伏用法不同自行因中正智降伏知邪不從彼自退散自行果中十力降伏十力牢固不爲魔邪所傾動故自行如是化他之中用法不定若在因中自身降魔利益衆生多用神通敎他降魔多用神呪彼無神力能降伏故若在果中自身降魔利益衆生多以慈心於彼憐愍卽便退散敎他降魔亦用神呪彼無慈力

能降伏故。今此所論偏降天魔。違其自行正智降之。違其利他通力伏之。故云智力皆令降伏。

得微妙法。成最正覺。

第五段中正現成佛。理是妙法。由得此法。故成正覺。第八相竟。

△自下第九轉法輪相。先請。後說。

釋梵祈勸請轉法輪。

此初請也。

△自下因請起說。於中有二。一身口起化。二一光明普照無量土下。身口攝益。

以佛遊步。佛吼而吼。擭法鼓。吹法螺。執法劍。建法幢。震法雷。曜法電。澍法雨。演法施。常以法音覺諸世間。前中初言以佛遊步身業起化。現佛威儀遊行化物。名佛遊步。佛吼已下。口業起化。於中十句。佛吼而吼一句是總。一切聖教是佛所吼。菩薩用之爲物吼也。擭法已下八句是別。約喻顯法。於中前四。聞思修證四種法也。擭法鼓者。說聞慧法益衆生也。嚴鼓誡兵。說教誡人。吹法螺者。說思慧法利衆生也。吹螺應時。說理應機。執法劍者。說修慧法益衆生也。劍能破裂。修能斷結。建法幢者。宣說證法。

證法高勝。如幢上出。後四是其四無礙智。起說被物。震法雷者。法無礙智化眾生也。天雷一動。卉藝生芽。法音一聞。闡道快成。曜法電者。義無礙智益眾生也。電光一發。有物斯覩。義言一宣。諸義悉見。澍法雨者。辭無礙智化眾生也。以辭宣說。如雲注雨。演法施者。樂說無礙利眾生也。隨人所樂。宣說授與。名演法施。此八是別。常以法音覺諸世間一句。總結。上來第一身口起化。

△自下第二身口攝益。於中有四。一身業伏魔。令離邪業。二攝裂下。口業破邪。令離煩惱。此二一對。三

人國分下。身業受供生人福善。四欲宣法下。口業說法令修出道。此二一對。

光明普照無量佛土。一切世界六種震動。總攝魔界。動魔宮殿。眾魔懾怖。莫不歸伏。

初中有四。一放光普照無量佛土。二以神力令一切界六種振動。三由前放光。總攝魔界。令皆歸伏。四由前振動。動魔宮殿。使之懼怖。

摑裂邪網。消滅諸見。散諸塵勞。壞諸欲塹。嚴護法城。開闡法門。洗濯垢汙。顯明清白。光融佛法。宣流正化。

第二口中文亦有四。一能摧邪。摑裂邪網。為破邪法消滅諸見敎斷邪心此二除見散諸塵勞爲破欲境五欲境界皆能塵坌勞亂衆生名曰塵勞說空破遣目之爲散壞諸欲塹敎捨欲心愛欲之心深而難越故說爲塹敎斷名壞此二除愛此之兩對合爲第一明能摧邪二嚴護下明能通正嚴護法城遮人毀謗法能遮防說之爲城讚善息謗名嚴名護開闡法門演說正敎法有通入趣入之義故名爲門披演令入名開名闡三洗濯下結前第一摧邪之義見愛煩惱名爲垢汙敎除名洗四顯明下顯前第二通正之義顯明淸白光融佛法顯

前文中嚴護法城。除邪顯正。故曰顯明。所顯之法出離邪謗。名爲清白。光揚正法。出於邪妄。故名爲光。融治使淨。名融佛法。宣流法化。顯前文中開闡法門。宣流化人。故曰開闡。此初對竟。

入國分衛。獲諸豐饍。貯功德。示福田。

第三身中。入國分衛。始行乞食。胡言分衛。此云乞食。獲諸豐饍。因乞得食。貯功德下。受用生福。貯謂積也。貯積多德。名貯功德。現受物供。故名爲示生世福善。如田生物。故云福田。

欲宣法現欣笑。以諸法藥救療三苦。顯現道意無量功德。授菩薩記。成等正覺。

第四口中。欲宣現笑起說方便。下正說之。於中初言以諸法藥救療三苦。令出生死苦。苦苦。壞苦及與行苦。是其三苦。義如別章。此應具論。授法教斷名法救療。顯現已下。使人入道。於中初言顯現道意教人發心。顯現菩薩所發道意。使人發矣。無量功德教人發行。授菩薩下。終令得果。授菩薩記。得果方便。行因剋果。如心記物。故名為記。聖說示人。目之為授。成等正覺顯成佛。第九相竟。

示現滅度。拯濟無極。消除諸漏。植眾德本。

此是第十般涅槃相。示現滅度。正顯取滅。下彰其益。拯濟無窮。彰益寬廣。消除漏等。彰益具足。消除諸漏。因其現滅。令人厭有。斷生死因。植衆德本。因其現滅。使人欣寂。修涅槃因。第十相竟。○上來廣歎權實二德。

具足功德。微妙難量。遊諸佛國。普現道教。第三雙以結之。具足功德。微妙難量。結前實德。遊諸佛國。普現道教。結前權德。上來結其權實二德。

佛說無量壽經義疏卷一

佛說無量壽經義疏卷二

曹魏天竺三藏康僧鎧譯經

隋京師淨影寺沙門慧遠撰疏

自下第二歎其自利利他功德。行能益己名爲自利。行能兼潤說爲利他。菩薩所行要不出此。故讚歎之。於中初略歎菩薩經典究暢。下廣歎。

其所修行清淨無穢。譬如幻師現衆異像爲男爲女無所不變。本學明了在意所爲。此諸菩薩亦復如是學一切法貫綜縷練。所住安諦靡不感化。無數佛土皆悉普現。未曾慢恣。愍傷衆生。如是之法。一切具足略中初別。後總結之。別中有四。一自行清淨。二譬如下。化行善巧。先喩後合。喩中初言譬如幻師喩起化人。現衆異像。爲男爲女等。喩起化相。本學明等。喩起化德。本學明了。喩習化法。學爲化本。故名爲本。於佛化法。習之委善。名學明耳。在意所爲學成起用。成在於心。故名在意。任意爲化。故曰所爲。下合顯法。菩薩如是。合前幻師。學一切等。合起化德。學一切法。合本學也。謂學一切化他之法。貫綜縷練。合明了也。貫通綜習。知法委審。故曰縷練。所住安諦。合在意也。於所住法。安心審諦。靡不致化。

合所爲也。靡謂無也。致謂運致。於一切處無不運化。又復致者是其感致。令一切衆無不感化。無數佛土皆悉普現。合前化相。合現衆像爲男女等。此是第二化行善巧。三未曾下顯前第一自行淸淨。以於所得未曾憍高而自縱恣。故行淸淨。四愍傷下顯前第二化行善巧。愍傷悲也。心有悲心愍傷衆生。故能爲物種種起化。上來別歎如是之法。一切具足。總以結之。上來略歎。

下廣歎之。於中有四。一依菩薩法修自分行。二無量佛咸共護下。明依佛法修勝進行。三供養佛下。

依前自分廣修成德。四受持如來甚深法下。依前勝進辨修成德。

菩薩經典。究暢要妙。名稱普至。道御十方。

就初段中。先修自利。後起利他。菩薩經典。究暢要妙。是自利也。於菩薩法、窮究通暢。得其宗要。知其妙旨。是故名爲究暢要妙。名稱普至。導御十方。是利他也。

無量諸佛咸共護念。佛所住者皆已得住。大聖所立而皆已立。如來道化各能宣布。爲諸菩薩而作大師。以甚深禪慧開導衆人。通諸法、性。達衆生相。明了諸國。

第二段中。亦先自利。如來道化各能宣下。是其利他。就自利中。無量諸佛護念上德攝下。行入佛境。故爲諸佛同共護念。護使離惡。念令增善。佛所住等下。修順上。於中初言佛所住者皆已得住證行同佛。佛所住法。菩薩同住。亦可諸佛住於如行菩薩同住。大聖所立而皆已立。敎行同佛。大聖是佛。法界諸度是佛所立。菩薩同立。下利他中初利他相。通諸法下。明利他德。利他相中。如來道化各能宣布。爲菩薩師。敎法利人。如來道化各能宣布說法同佛。爲諸菩薩而作大師。益人同佛。現行佛化。故爲菩薩而作大師。以深禪慧開導衆人。證法益物。以深禪慧化行同佛。禪止慧觀。證行雖衆。要不出此。開導衆人。益人同佛。利他德中明具三種自在之行。故能化物。通諸法性。是智正覺自在行也。謂能通達二諦法性。達衆生相。衆生世間自在行也。衆多生死。故曰衆生。衆法成生。亦名衆生。若形若體種種相狀。一切悉知明了。諸國是器世間自在行也。初句云通。第二言達。第三說明。語左右耳。此三廣如他經中說。

△自下第三依前自分廣修成德。於中有四。一攝修方便。二亦無作下。因修成德。三住深定下。重明起修。四超過世間所有已下。重明所成。

△初中復四。一修自利。二壞裂下。明其利他。三超越下。復明自利。四善立下。重明利他。初段自利。明修教行。第二利他。敎人離過。第三自利。明修證行。第四利他。教令修善。故有四別。

供養諸佛。化現其身。猶如電光。善學無畏之網。曉了幻化之法。

初自利中。供養諸佛。化現其身。猶如電光。明修福行供養諸佛興福廣也化身如電起行疾也一念之間化身徧至供養諸佛矣善學已下明修習行善學無畏修習方便曉了幻化智行成就又學無畏於人不怯曉了幻化於法能知簡邪取正名為善學達正過邪所以無畏以無畏智統攝諸法故名為網亦可學此擬用攝人故說為網明見諸法離有無性猶如幻化非有非無名為曉了幻化法矣法若定有不名幻有法若定無不名幻無無法為有方名幻有有法為無方名幻無無法為有有則非有有法為無無則非無幻法如是故取為喻

化亦如是。經說十喻。具舉斯耳。上來自利。是初段竟。

壞裂魔網。解諸纏縛。

次約利他。壞裂魔網。令離邪業。解諸纏縛。令離煩惱。纏謂十纏。無慚無愧。睡悔慳嫉。掉眠忿及覆。是其十也。纏衆生故。纏縛心故。名之爲纏。縛謂四縛。欲縛有縛無明縛見縛。是其四也。欲界諸結。除無明見。名爲欲縛。上二界中。一切煩惱。除無明見。名爲有縛。三界無明。名無明縛。三界諸見。名爲見縛。縛衆生故。繫縛心故。名之爲縛。亦可一切諸煩惱結通名纏縛菩薩教人斷離。名解。此兩段竟。

超越聲聞緣覺之地得空無相無願三昧。

第三重明自利。超越聲聞緣覺之地所修殊勝。此明所出聲聞名義汎解有三。一如來所說言教名聲。餐聲悟解。故曰聲聞。二我衆生等但名無實故說爲聲。如地論說觀斯之解義說爲聞。三佛所說大乘法音名之爲聲。以佛道聲令一切聞。故曰聲聞。如法華釋。前二小乘。後一大乘。今論小矣。名義如是。體相如何。分別有二。一聲聞聲聞。二緣覺聲聞。義如上釋。其緣覺者。名義有三。一十二緣法。名之爲緣。觀此得覺。故名緣覺。如彼十二因緣經說。二現在世事相因緣。名之爲緣。藉斯得悟。故名緣覺。如辟支佛得道經說。三如來藏緣起法界。名之爲緣。於中悟迷。故名緣覺。三中前二是其小乘。後一大乘。今論小矣。名義如是。相狀如何。分別有二。一緣覺緣覺。二聲聞緣覺。緣覺緣覺者。是人本來求緣覺道。常樂觀察十二緣法。成緣覺性。於最後身。不值佛世。藉現事緣。而得悟道。是故名爲緣覺緣覺。聲聞緣覺者。是人本來求聲聞道。成聲聞性。值佛爲說四眞諦法。得悟初果。以鈍根故。不得漏盡天上人中七返受生於最後身不值佛世藉現事緣而得悟道本聲聞人於最後身藉現事緣而得覺故說之以爲聲聞緣覺此等一切菩薩悉過故言超越得空無相無願三昧所得淵深此明所入衆生及法悉無自性故名爲空乃至因緣相亦不有說爲無相此離所取遠離妄想能取之心故名無願三昧胡語此云正定於此三空正住不亂故名三昧就此得名義有多門廣如別章此應具論此三段竟

善立方便顯示三乘於此中下而現滅度

第四重明利他善立方便是化他智。方便之義汎論有四。一進趣方便。如見道前七方便等。進趣向果故名方便。二施造方便。如十波羅蜜中。方便波羅蜜巧修諸行。故曰方便。三權巧方便。如二智中。方便智等。權巧攝物。故名方便。四集成方便。諸法同體巧相集成。故曰方便。故地論云。此法巧成。名爲方便。又他經中說六相門。以爲方便。此亦是其集成方便。今此所論權巧方便。於權巧中方便有三。一身業方便。權形異現。如觀世音。方便之力。其事云何。應以佛身得度者。卽現佛身而爲說法。如是一切。二口業方便。隨化眾生種種異說名為方便。如無二乘權以說之。如是一切。三意業方便。謂方便智。隨化眾生種種異解。今此所論是其權中意業方便。善立三業。巧便度物。故曰方便。顯示三下。是化他行。顯示三乘。說三乘。因就大分小。名示三乘。於此中下而現滅度。說小乘果。緣覺名中聲聞名下。於此二中說有涅槃。名現滅度。此等即是口業方便。○上來四段合為第一攝修所行。

△自下第二因修成德。於中初明自利功德。宣揚已下明利他德。初中有四。一所證平等。二具足下所

成衆多。三廣普下所證深廣。四得佛下所成殊勝。

亦無所作。亦無所有。不起不滅。得平等法。

所證等中。亦無所作。無因可作。亦無所有。無果可有。言不起者。無淨可起。言不滅者。無染可滅。此舉道理。得平等法。約理辨證。名前無作無所有等爲平等法。證會名得。

具足成就無量總持。百千三昧。諸根智慧。

所成多中。具足成就無量總持得陀羅尼行德多也。如他經說。百千三昧諸根智慧餘德多也。信進念等名爲諸根。若通論之。一切善法悉名諸根。如涅槃說。

廣普寂定。深入菩薩法藏。

就明所證深廣之中。廣普寂定所證廣也。一切法中不起妄想。名廣寂定。深入法藏所證深也。於眞法藏能深入矣。

得佛華嚴三昧。

所成勝中。得佛如來華嚴三昧。故德勝也。華嚴三昧如華嚴說。彼一三昧。統攝法界一切佛法悉入其中。上來自利。

宣揚演說一切經典。

宣暢一切利他可知。

住深定門。悉覩現在無量諸佛。一念之頃無不周徧。濟諸劇難。諸閑不閑。分別顯示眞實之際。得諸如來辯才之智。入眾言音。開化一切。

第三重明起修。住深定門。悉覩現在無量佛等。修起自利。住深定門。起行所依。無心往來直以三昧法門力起。故須住定。下明起行。悉覩現在無量諸佛。攝行寬廣。由見多佛供養生福受法生智。一念之頃無不周偏。起行速疾。下明利他。濟諸劇難諸閑不閑。扶人離苦。難別有八。三途爲三。人中有四。

一盲聾喑啞。二世智辨聰。三佛前佛後。四鬱單越界。天中有一。謂色界中長壽天也。此八難中。三塗爲劇。菩薩濟之。人天苦微。名曰諸閑。菩薩勤化。故曰不閑。分別顯等授人善法。分別顯示眞實之際證法教人。理性眞實得處名際。授人名示得諸如來辯才智等。敎法利物。得諸如來辯才之智。謂得如來四無礙智解了諸法。入衆言音起說之解。入謂解也。謂解衆生種種言音用之起說開化一切。

正明起說。

超過世間諸所有法。心常諦住度世之道。於一切萬物而隨意自在。為諸庶類作不請之友。荷負羣生為之重擔。

第四重明所成。於中初明成就自德。於一切下。成利他德。自中初言超過世間諸所有法。所成殊勝。心常諦等。所成不動。又過世間。明成斷德。謂過分段變易世間一切法也。心常諦住度世之道。明成智德。諦謂安諦。謂常安住眞實無為度世之道。下利他中。於一切萬物隨意自在。成利他德。由成勝通。於一切物變化隨意。故能利物。名為自在。為諸庶等。起利他用。為諸庶類作不請友。化益方便。庶謂凡庶。類謂品類。不請有二。一宿無道根悕慼菩薩名爲不請。二無現樂欲不知求聖名爲不請。菩薩於此强爲作友。荷負羣生爲之重擔。正明化益。聲聞捨物。不將衆生以爲重擔。菩薩荷負。故用衆生而爲重擔。擔別有四。如勝鬘說。此第三竟。

△自下第四依前勝進辨修成德。於中初先辨其所修。一切善本皆度已下明其所成

受持如來甚深法藏。護佛種性。常使不絕。興大悲愍衆生。演慈辯授法眼。杜三趣開善門。以不請之法施諸黎庶。猶如孝子愛敬父母。於諸衆生視之若己。

前所修中初明自利二興大悲下明修利他就自利中受持如來甚深法藏明修勝解如來藏性是佛如來甚深法藏闇障既除明現己心故曰受持護佛種性常使不絕明修勝行法界諸度是佛種性護使離障起善無間名常不絕下利他中先法後喻法中四句初興悲愍明起悲心二演慈辨下明起慈心依慈心起說名演慈辨教法生解名授法眼三杜三趣開善門者顯前悲益杜謂塞也教人離惡故杜三趣教人修福故開善門四以不請法施黎庶者顯前慈益喻中兩句初如孝子愛敬

父母彰前慈厚。於諸衆生已下。顯上悲深。○上明所修。下明所成。

一切善本皆度彼岸。悉獲諸佛無量功德。智慧聖明不可思議。

一切善本皆度彼岸。明其所成。度猶到也。涅槃彼岸。行因到之。故因成矣。悉獲佛等。明其果成。兼有福智。悉獲諸佛無量功德。明得如來福德莊嚴。智慧聖明不可思議。明得如來智慧莊嚴。智慧深廣。情緣莫測。口量不及。名不思議。上來歎德。

如是之等菩薩大士。不可稱計。一時來會。

如是之等不可稱計。是第四段彰其數量。此等悉爲影響顯法。故皆來會。爲法心同。故來一時上來第二辨列徒衆。

△自下第三如來現相而爲起發。阿難啟請。於中文六。攝爲三對。言文六者。第一如來現相起發。二阿難請問。此爲初對。三如來審問汝爲自請爲受教請。四阿難實答我自請問。此是兩對。五如來讚歎勅聽許說。六對曰下。阿難奉勅彰己樂聞。此是三對。

爾時世尊。諸根悅豫。姿色清淨。光顏巍巍。

初中爾時舉現相時。言世尊者舉現相人。佛備眾德為世欽仰。故號世尊。若論胡音。樓伽陀伽。此云世尊也。諸根悅等。明所現相。諸根悅豫。示現喜相。眼等五根。同現喜相。名之悅豫。姿色清淨。示現喜色。色無慘慽。故曰清淨。言光巍巍重顯喜色。言顏巍巍重顯喜相。巍巍是其高勝之貌。佛何故喜。喜有兩義。一念彌陀佛所成行德可慶故喜。二念眾生得益時至故生歡喜。

尊者阿難承佛聖旨。即從座起偏袒右肩長跪合掌而白佛言。

第二段中。尊者阿難舉能請人。承佛聖旨。彰所請依旨。謂意旨。此承如來意力加被。故興諸問。卽從座等。啟請方便。而白佛等。正宣諸辭。

△辭中有三。一申己所見。二唯然下。彰己所念。三何故下。結問所爲。

今日世尊。諸根悅豫。姿色淸淨。光顏巍巍。如明鏡淨。影暢表裏。威容顯耀。超絕無量。未常瞻覩殊妙如今。

初中。先法。次喻。後合。未常瞻下。怪今異昔。法中還舉向前所現。喻中如鏡影表裏者。鏡光外照。名爲影表。外照之光。明顯鏡內。名爲影裏。佛身如是。光

明外照所放之表。顯曜佛身。名影表裏。合喻可知

未常瞻覩殊妙如今。怪今異昔。

唯然大聖。我心念言。今日世尊住奇特之法。今日世雄住諸佛所住。今日世眼住導師之行。今日世英住最勝之道。今日天尊行如來之德。去來現在佛佛相念。得無今佛念諸佛耶。

第二彰己所念。於中初言唯然大聖我心念言總宣己心。唯是專義。彰己專念。故曰唯矣。然謂爾也。彰己心中所念實爾。故曰唯然。啟佛令知。故云大聖。自宣己心。名我念言。下別顯之。於中初先念佛

所得。去來現下。念佛所爲。前中五句。相隱難識。且以言之。初句是總。餘四是別。總中初言今日世尊表別所念。爲簡餘佛。故云今日。下餘句中今日例爾。住奇特者。佛所得法。超出餘人。在世所無。故云奇特。下四別顯。初句自德。第二利他。第三自德。第四利他。第一第三自德何別。前是涅槃。後是菩提。第二第四利他何別。前者是其利他之行。謂四攝等。後者是其利他之德。所謂十力四無礙等。初中世雄。佛之異名。佛於世間最爲雄猛。故曰世雄。住佛住者。涅槃常果。諸佛同住。今日世雄住彼所住。

住大涅槃。能起化用。故今念之。第二句中。今日世眼。佛之異稱。能開世人眼。令見正道。故名世眼。住導師行者。四攝法等。是佛導師化人之行。今佛住之。由住此行。今欲導人令入佛法。所以念之。第三句中。今日世英。佛之別號。佛於世間最為英勝。故云世英。住勝道者。無上菩提。是最勝道。內證眞道。是菩提道矣。佛今住之。由住此道。知諸佛德。故今念之。第四句中。今日天尊。是佛異名。天有五種。如涅槃說。一者世天。謂世人王。名為天子。二者生天。謂四王天。乃至非想。三者淨天。謂須陀洹。至辟支佛。四者義天。謂諸菩薩。以解諸法空寂義故。五者第一義天。謂佛如來。解知佛性不空義故。佛於如是五天中上。故曰天尊。行如來德者。十力無畏十八不共五眼六通四無礙等。是佛功德。遊入名行。由入此德。堪任度物。故今念之。上來一段。念佛所得。下念所為。念諸如來。是所為也。去來現在佛佛相念。舉餘類此。得無今佛念諸佛耶。測此念餘耶者。是其不定之辭。以理測度。未敢專決。是故言耶。

何故威神光光乃爾。

結問所為。此初對竟。

於是世尊告阿難曰。云何阿難。諸天教汝來問佛耶。
自以慧見問威顏乎。

第三如來審問。告曰云何。是總問也。諸天教汝。自以慧見。是別問也。

阿難白佛。無有諸天來教我者。自以所見問斯義耳。

第四阿難實答。無天教我。對佛前言。自以所見問斯義矣。此兩對竟。

△自下第五如來歎問。勅聽許說。於中初先歎其所問。阿難當知如來正覺下。舉佛功德。勅聽許說。

佛言。善哉阿難。所問甚快。發深智慧眞妙辯才。愍念衆生問斯慧義。如來以無盡（疏本作蓋）大悲矜哀三界。所以出興於世。光闡道教。欲拯濟羣萌。惠以眞實之利。無量億劫難値難見。猶靈瑞華時時乃出。今所問者。多所饒益。開化一切諸天人民。

歎中初言善哉阿難所問甚快。是總歎也。善謂好耳。哉是助辭。稱機當法。合時名快。發深下別發深智慧。歎其問智。向前念佛五種功德。名發深智。眞妙辯才。歎其問辭。向前歎佛住於五德。名眞妙才辯。辯實名眞。言巧稱妙。言能辯了。語能才巧。故曰辨才。愍生問義。歎其問心。亦得名爲歎問所爲。阿難向前舉佛五德而爲請問。此之五德以慧爲主。名問慧義。如來已下歎問利益。於中有四。一如來彰己悲心憐生。佛悲殊勝。餘不能加。不能益上。名無蓋悲。亦有經本治爲無盡。無盡無蓋是正。不須治改。以此大悲矜哀三界。矜猶憐也。欲色無色是其三界。二所以下如來彰己出世爲物。所以出興問以起發。下對顯之。光闡道教。欲拯羣萌。教法利人。惠以眞利。證法益物。理是眞實。教入名利。三無量億下明佛難值。先法後喩。四今所問下約對三界明問有益。今問多益。總明有益。開化一切。別明益也。

上來歎其所問。

△下舉佛德勅聽許說。於中初先廣舉佛德述前所歎阿難諦下勅聽許說說已所念。又復前段廣舉佛德明已能說。後勅聽許說明已欲說就前段中。先明果勝。所以者下辨因顯果。

阿難當知。如來正覺其智難量。多所導御。慧見無礙。無能遏絕。以一餐之力。能住壽命億百千劫。無數無量復過於此。諸根悅豫不以毀損。姿色不變。光顏無異。

就明果中初先對上阿難所念明佛慧勝。以一餐下對前阿難所見諸根悅豫等事明佛身勝。明慧勝中如來正覺總舉佛智。其智難等別以顯勝。其智難量明智深也。窮證涅槃甚深法性故智難量。此則是前住佛所住。難量之智證法名住。多所導御明智廣也。此則是前住導師行。慧見無礙彰智自在。於諸法門知見無礙。此則是前行如來德。無能遏絕。顯其智勝。不爲他人之所遏絕。顯其勝相。名無遏絕。此則是前住最勝道。下明身勝。以一餐力能住壽等。約化顯實明佛體常。以實常故隨化現受一餐之力。能住多劫身無衰損亦得名爲約實顯化文中初言以一餐之力能住壽命億百千劫彰命常也諸根悅等明身常也諸根悅豫不以毀損就上所現諸根悅豫明其常德姿色不變就上所現姿色清淨明其常命光顏無異就上所現光顏巍巍明其常定◯上來就果明佛身慧二種俱勝下次舉因顯成前果。

所以者何如來定慧究暢無極於一切法而得自在。

所以者何徵問發起所以如來得此勝慧常身者何下對釋之如來定慧究暢無極明其所修成滿故勝定止慧觀此二行主以是偏舉餘皆從之故

隱不論。定慧究竟。故名爲究。通暢自在故名爲暢。寬廣無邊稱曰無極。此則是其心自在行於一切法而得自在。明其所學自在故勝。此則是其法自在行。善入一切法界之門。法門之力無所不現。名爲自在。○上來廣舉佛德述前所歎。

阿難諦聽。今爲汝說。

勅聽許說。說己所念。謂念西方無量壽佛。諦聽勅也。爲汝許也。此第五竟。

對曰。唯然。願樂欲聞。

第六阿難奉教聽受。文顯可知。○上來序竟。

△就正宗中文別有三。一明所行。二阿難白佛法藏比丘爲已成佛而取滅下。明其所成。三告阿難其有衆生生彼國者住正定下。明其所攝。此三皆就彌陀佛說。言所行者。彰彼如來本昔所修無量行願。言所成者。彰彼如來現今所得身土之果。言所攝者。彰彼如來現今攝取十方國土無量衆生。同往彼國教化利益。此三卽是經之大宗。

△就所行中。初列多佛。明起行緣。時有國王聞佛說下。彰彼法藏依之起行。

佛告阿難。乃往過去久遠無量不可思議無央數劫。

錠光如來興出於世。教化度脫無量眾生。皆令得道
乃取滅度。次有如來名曰光遠。次名月光。次名栴檀
香。次名善山王。次名須彌天冠。次名須彌等曜。次名
月色。次名正念。次名離垢。次名無著。次名龍天。次名
夜光。次名安明頂。次名不動地。次名瑠璃妙華。次名
瑠璃金色。次名金藏。次名炎光。次名炎根。次名地種。
次名月像。次名日音。次名解脫華。次名莊嚴光明。次
名海覺神通。次名水光。次名大香。次名離塵垢。次名
捨厭意。次名寶炎。次名妙頂。次名勇立。次名功德持
慧。次名蔽日月光。次名日月瑠璃光。次名無上瑠璃

光。次名最上首。次名菩提華。次名月明。次名日光。次
名華色王。次名水月光。次名除癡冥。次名度蓋行。次
名淨信。次名善宿。次名威神。次名法慧。次名鸞音。次
名師子音。次名龍音。次名處世。如此諸佛皆悉已過。
爾時次有佛名世自在王。如來。應供。等正覺。明行足。
善逝。世間解。無上士調御丈夫。天人師佛世尊。
前中合舉五十四佛。初五十三。一處並舉。末後一
佛。法藏親承。一處別舉。就前五十三佛之中乃往
過去不思劫等。彰其時分。定光出等。次第辯列。如
此諸佛皆悉已過。結前生後。下次列其自在王佛。

名世自在是其別名如來應等是其通號佛德無量依德施名名亦無限經隨一數略列十種十中前五是佛自德後五利他就前五中初二一對前一道圓後一滅極後三一對初二因圓後一果極就初對中言如來者彰其道圓乘如實道來成正覺故名如來言應供者顯其滅極證滅相應故名為應又證滅故合應供養故云應供就後對中初二因圓於中初言等正覺者彰其解圓餘經中亦名正偏知也正者是理於理窮照故名偏知今言等者是彼偏也稱理名等正者還是餘經正也言

其覺者是彼知也。明行足者明其行圓。明是證行。證法顯了。故名爲明。分別有三。如涅槃說。一菩薩明所謂般若波羅蜜多。二諸佛明所謂佛眼。三無明明謂十一空。彼非智解。故曰無明能生智明。故復名明。前二能證。後一所證。又龍樹說佛具宿命天眼漏盡。故曰三明。行是敎行。如地持說正觀名行。又龍樹說戒定慧等名之爲行。此二圓具故名爲足。言善逝者明其果極。善名爲好。逝稱爲去。如來好去。故曰善逝。佛德滿足更何處去而言好去。雖無去處非不能去。如劫盡火。雖無所燒非不能燒。故得云去就。後五中。前四是別。後一是總。前四別中。世間解者。是化他智。善解世間。名世間解。無上士調御丈夫。及天人師。此之兩號。是化他能。彼無上士調御丈夫。能調物心。自調調他。調御中極故曰無上。上士者。是其人之別稱。此無上士。能善方便調伏衆生。名調御丈夫。天人師者。能授與法。能以正法近訓天人。名天人師。六道俱化。天人益多以是偏舉。佛者。是其化他之德。此翻名覺。自覺覺他。覺行窮滿。故名爲佛。言世尊者。此號是總。佛備衆德。爲世欽重。故號世尊。○上來明佛之起行緣。

△下明法藏依之起行。於中初明世間之行。佛告阿難法藏比丘說此頌下。明出世行。地前所行。名爲世間。地上出世。

△世間行中。次第有三。一聞法發心。二出家修道。三詣佛所禮讚發願。

時有國王。聞佛說法。心懷悅豫。尋發無上正眞道意。

初中。時有國王。舉起行人。聞佛說法心懷悅豫。聞法心喜。尋發道意。正明發心。菩提心義。廣如別章。

此應具論。

棄國捐王。行作沙門。號曰法藏。高才勇哲。與世超異。

第二段中。棄國捐王。明其所捨。行作沙門。彰其所爲。此翻名息。息諸惡。故號曰法藏。列其名諱。高才勇等。辨其性行。才謂才巧。才德過人。故曰高才。志强名勇。心明稱哲。此德孤出。名世超異。

詣世自在王如來所。稽首佛足。右遶三帀。長跪合掌。以頌讚曰。

第三段中。初詣佛所。次到已敬。稽首敬也。屈尊接卑。故用表敬。右遶愛也。旋遶不捨。故用表愛。長跪已下。讚歎發願。長跪合掌。興讚方便。以偈頌曰。經家總舉。何故言偈頌。言義妙美。諸讚歎者。多用偈頌。又偈巧約。少字之中。能攝多義。法藏比丘。欲以約言廣收佛德。故以偈頌。

△下出偈辭。初有七偈讚歎佛德。明其所求。後十三偈發願求佛。明其能求。

光顏巍巍　威神無極　如是炎明　無與等者
日月摩尼　珠光燄耀　皆悉隱蔽　猶如聚墨
如來容顏　超世無倫　正覺大音　響流十方
戒聞精進　三昧智慧　威德無侶　殊勝希有
深諦善念　諸佛法海　窮深盡奧　究其涯底
無明欲怒　世尊永無　人雄師子　神德無量

功勳廣大　智慧深妙　光明威相　震動大千

前七偈中。初五偈半。正歎佛德。後一偈半。結歎佛德。前正歎中。初兩偈半。歎佛身業。次有半偈歎佛口業。後兩偈半。歎佛意業。就歎身業中言光巍巍歎佛光勝。以爲一門。言顏巍巍歎佛身勝。復爲一門。巍巍之言。已如上釋。復有七句。顯光巍巍威神無極。光發所依。由佛威德神力無極。故能放光。如是炎明。正舉光體。無與等者。對人顯勝。餘人身光無與齊等。日月摩尼至若聚墨。對事顯勝。此等諸光。若對佛光。皆悉隱蔽。猶如聚墨在珂貝邊。下有兩句。顯顏巍巍，如來容顏超世無倫，故顏巍巍倫謂匹矣。次歎口業，正覺大音響流十方。下歎意業於中初有兩偈之文，歎佛行德。後之半偈，歎佛斷德。行是菩提，斷是涅槃。前中初偈歎佛德勝。後之一偈歎佛德深。勝是教行，深是證行。前歎勝中，戒聞精進三昧智慧，舉其德體。威德無侶殊勝希有就德顯勝。威德無侶，他不能齊。殊勝希有，佛德過彼。後歎深中，深諦善念諸佛法海。趣證方便，諦謂審諦。深思諦觀，念佛法海。故能得證，如來藏性是佛法海。窮深盡奧，究其涯底。證行成就，此歎行德。

下歎斷德無明是癡、欲者是貪。怒者是瞋、佛斷永無。故斷勝矣。上來別歎三業功德。自下結歎、人雄師子神德無量。總以結歎。功勳廣等隨別結歎。功勳廣大。結歎前口。正覺大音響流十方。故佛化他功德廣大。智慧深妙。結歎前意。前有多德。偏結其慧。以行主故。深結前深。妙結前勝。光明威等。結歎前身。上來歎竟。

△自下發願求前所歎、於中初有十偈之文。正起願心。後之三偈。請佛證知。前十偈中。初之五偈。求佛法身。後之五偈。求佛淨土。

願我作佛　齊聖法王　過度生死　靡不解脫
布施調意　戒忍精進　如是三昧　智慧爲上
吾誓得佛　普行此願　一切恐懼　爲作大安
假令有佛　百千億萬　無量大聖　數如恆沙
供養一切　斯等諸佛　不如求道　堅正不卻

求法身中。初之一偈。願求佛果。次有兩偈。願求佛因。後之兩偈。校量顯勝。就求果中。願我作佛齊聖法王。求佛自德。過度生死靡不解脫。求利他德。就求因中。初有偈半。求自利行。下有半偈。求利他行。求自利中。初偈舉彼六度之行。布施調意是其檀度。修施治慳名爲調意。戒是戒度。忍是忍度。精進是精進度。三昧禪度。智慧智度。慧勝名上。下對起願。吾誓得佛起行所趣。普行此願求因趣向。下求利他文顯可知。上來求因。自下兩偈校量顯勝。堅其願心。假令有佛百千億萬舉其佛寶。無量大聖數如恆沙舉其僧寶。供養一切供前僧寶。斯等諸佛供前佛寶。不如求下。對願比校彰其不及。卻猶退也。雖供多聖。不如自己求道不退。故重堅發。經中如此比校大多。不可具說。供養有限。求道之心無齊限故。

譬如恆沙　諸佛世界　復不可計　無數剎土
光明悉照　徧此諸國　如是精進　威神難量
令我作佛　國土第一　其眾奇妙　道場超絕
國如泥洹　而無等雙　我當愍哀　度脫一切
十方來生　心悅清淨　已到我國　快樂安隱

求淨土中初三偈半。自求淨土。後一偈半。求土攝他。就自求中初有兩偈。汎舉多土。次有半偈。明己所求。於諸土中。最為第一。後之一偈。顯第一相。前汎舉中。如恆沙等。廣舉多土。光明照等。就彼多土明莊嚴相。光偏此國。明佛如來光明莊嚴。如是精進威神難量明佛如來神通莊嚴。佛於彼土勤現化事名爲精進。化事衆多是故名爲威神難量。此汎舉竟。令我作佛國第一者。於前所舉諸國土中諸相莊嚴最爲第一。現今所成彌陀國是。下有一偈顯第一相。其衆奇妙明衆第一。道場超絕明處第一。國如泥洹而無等雙明國第一。亦得名爲樂第一也。泥洹涅槃本是一名傳之音異。故下文言彌陀國中衆生受樂而亦泥洹。上來自求。下有一偈半求土攝物。我當愍哀度一切者明己當來成佛道時度脫一切。十方來生心悅淨等。明於當來生我國者齊獲勝益。十方來生。生人多也。心悅清淨。歸心純也。已到我等。獲利勝也。上來十偈。正起願心。

△下有三偈。請佛證知。

幸佛信明　是我眞證　發願於彼　力精所欲
十方世尊　智慧無礙　常令此尊　知我心行
假令身止　諸苦毒中　我行精進　忍終不悔

於此文中。初有半偈。請世自在佛爲己作證。次有半偈。更與願心。次有一偈。請十方佛爲己作證。下有一偈。重起願心。初半偈中。幸猶願也。願佛信我所求不虛。明我當來定必得果。是故請言幸佛信明。佛證不虛。故說言是我眞證。其次半偈更與願中。發願於彼所求之事。力勵精勤修習所欲。法身淨土。各顯於彼力精所欲。其次一偈。請十方佛作證可知。末後一偈重起願中。結誓自要。故云假令身止諸苦忍終不悔。○上來明其世間之行。

佛說無量壽經義疏卷二

佛說無量壽經義疏卷三

曹魏天竺三藏康僧鎧譯經
隋京師淨影寺沙門慧遠撰疏

△下明出世。於中初略。如是修已詣彼佛下。廣明所行。略中有三。初法藏請如來反答。彰彼先知。不爲宣說。二法藏重請。如來爲說。三法藏聞說依之奉行。

佛告阿難。法藏比丘說此頌已。而白佛言。唯然世尊。我發無上正覺之心。願佛爲我廣宣經法。我當修行。攝取佛國清淨莊嚴無量妙土。令我於世速成正覺。

拔諸生死勤苦之本。佛語阿難。時世自在王佛告法藏比丘。如所修行莊嚴佛土。汝自當知。

初中先請。後佛反答。請中法藏說此頌已。結前起後。而白佛下。彰彼請辭。我發無上正覺之心。牒前起後。向前偈中求身求土。名發無上正覺之心。心爲行本。彰己有本。明堪起行。生彼請也。願佛爲我廣說經法。正請宣說。我當修等。彰請所爲。所爲有三。一是所行。二是所成。三是所攝。我當修行。是其初門。修行法身淨土之因。攝取已下。是第二門。明己所成。攝取佛國清淨莊嚴等。是所成土。於世速成是所成身。拔生死等是第三門。明己所攝。攝取眾生。教化令出生死苦本。拔生死者出生死果。拔懃苦本。離生死因。由因數受生死之苦。故名彼因爲懃苦本。下佛返答。饒王佛者世自在王之別名也。告法藏等返答之辭。此初段竟。

比丘白佛。斯義弘深。非我境界。唯願世尊廣爲敷演諸佛如來淨土之行。我聞此已。當如說修行。成滿所願。爾時世自在王佛知其高明。志願深廣。卽爲法藏比丘而說經言。譬如大海。一人斗量。經歷劫數。尚可窮底得其妙寶。人有至心精進求道不止。會當剋果

何願不得於是世自在王佛卽爲廣說二百一十億諸佛刹土天人之善惡國土之麤妙應其心願悉現與之

第二段中初法藏請斯義弘深非我境界彰己不知前佛據其自分所修道言自知法藏今就勝進所習言非己境不相乖違斯謂此也弘謂大也此前所請出世之行其義大深非我境界爲是次請唯願廣等請佛宣說文中偏求淨土之行身行略無我聞此下彰請所爲下佛爲說知其高明志願深廣知其心大下佛授法卽爲法藏而說經言總

明所說譬如下別。別中初先教其堅心。先喻。後合
於是世已下。正為宣說淨土之法。即為廣說二百
一十億諸佛剎土。天人善惡。汎說一切諸土之因
國土麤妙。汎宣一切諸土之果。麤不精也。說惡說
麤。令其捨遠。說善說妙。使其修習。於諸說中隨欲
廣教。名應心願悉現與之。此第二竟。
時彼比丘聞佛所說嚴淨國土。皆悉覩見。超發無上
殊勝之願。其心寂靜。志無所著。一切世間無能及者
具足五劫。思惟攝取莊嚴佛國清淨之行。阿難白佛。
彼佛國土。壽量幾何。佛言。其佛壽命四十二劫。時法

藏比丘攝取二百一十億諸佛妙土淸淨之行。

第三法藏聞說依法修行。於中初別。法藏比丘攝取下結。別中初先見上所說淨土之果。超發已下。修上所說淨土之因。因中初先更發勝願。其心寂下。依願起行。其心寂靜志無所著。世無及者。明修證行。理絕眾相。故無所著。求入名志。證深離相。故世無及。具五劫下。明修教行。於中初明法藏比丘五劫起行。阿難白下。彰彼如來壽命長久。成前法藏於彼佛所五劫修行。阿難先問。後佛答之。彼佛壽命四十二劫。法藏壽命亦應如是。故彼法藏於一身中在彼佛所五劫修行。問曰。若彼得壽多劫。劫盡之時。居住何處而得修行。釋言。餘人見其劫盡。其法藏等見彼國土安隱不動故得起修。與法華中。衆生見劫盡大火所燒時。我此土安隱天人常充滿。其義相似。上來別竟。法藏比丘攝取下結。一人具修無量土行。未來還得無量種土。隨人異現。上來略竟。

△自下第二廣明所修。於中初先廣前大願時彼比丘於其佛所諸天魔下。廣前所行。就前廣願中文別有六。一法藏詣佛所彰己行。二如來遣說。三法

藏自宣己所發願。四我建下。說己重復立誓自要。五法藏比丘說此頌下。如要相現。六於是法藏具足修下。總以結歎。

如是修已。詣彼佛所。稽首禮足。遶佛三帀。合掌而住。白佛言。世尊。我已攝取莊嚴佛土清淨之行。

就初段中。如是修已。結前生後。詣彼佛等。啟白方便。而白佛等。申己所修。我已於前五劫之中。攝取嚴土清淨行矣。

佛告比丘。汝今可說。宜知是時。發起悅可一切大眾。菩薩聞已。修行此法。緣致滿足無量大願。

第二段中。佛告比丘。汝今可說。正勸宣說。宜知是時。催令速說。發起悅等。明說所爲。爲益諸衆。故須宣說。發起悅可一切大衆。爲益凡夫二乘。故說。由彼法藏、自說己願。令衆同喜願生其國。名發起悅可一切衆矣。菩薩聞下。爲益菩薩。由彼法藏自說己願。令諸菩薩學之同發。故云聞已修行此法滿足大願、聞已修行。起願始也。緣致滿等。願心成也。

比丘白佛。唯垂聽察。如我所願當具說之。

第三法藏比丘自宣己願。唯垂聽察。請佛得說。如我所願當具足說。總許宣說。

△下正說之。於中合有四十八願。義要唯三。文別有七。義要三者。一攝法身願。二攝淨土願。三攝衆生願。四十八中。十二。十三。及第十七。是攝法身。第三十一。第三十二。是攝淨土。餘四十三。是攝衆生。文別七者。初十一願。爲攝衆生。次有兩願。是其第二。爲攝法身。次有三願。是其第三。重攝衆生。次有一願。是其第四。重攝法身。次有十三。是其第五。爲攝衆生。次有兩願。是其第六。爲攝淨土。下有十六。是其第七。重攝衆生。

第一願國無惡道 以下四十八願標目會刻經疏時增添

設我得佛國有地獄餓鬼畜生者。不取正覺。

第二願不更惡道

設我得佛國中天人壽終之後。復更三惡道者。不取正覺。

第三願身眞金色

設我得佛國中天人不悉眞金色者。不取正覺。

第四願形色相同

設我得佛國中天人形色不同有好醜者。不取正覺

第五願宿命智通

設我得佛國中天人不識宿命。下至知百千億那由

他諸劫事者不取正覺

第六願天眼普見

設我得佛國中天人不得天眼下至見百千億那由他諸佛國者不取正覺

第七願天耳普聞

設我得佛國中天人不得天耳下至聞百千億那由他諸佛所說不悉受持者不取正覺

第八願他心悉知

設我得佛國中天人不得見他心智下至知百千億那由他諸佛國中眾生心念者不取正覺

第九願神足無礙

設我得佛。國中天人不得神足。於一念頃。下至不能超過百千億那由他諸佛國者。不取正覺。

第十願不貪計身

設我得佛。國中天人若起想念貪計身者。不取正覺。

第十一願住定證滅

設我得佛。國中天人不住定聚必至滅度者。不取正覺。

就初段中。初有兩願。願生無苦。後之九願。願生得樂無苦中。初一願其自國無苦。設我得佛。國有地獄餓鬼畜生不取正覺不取正覺者諸願不滿終不成佛假設所願不滿得成誓終不取是故說言設我得佛國有地獄畜生餓鬼不取正覺餘亦如是言地獄者地下牢獄是其苦處故云地獄言餓鬼者飢渴名餓恐怯多畏故名爲鬼言畜生者此乃從生畜養爲名一切世人或爲噉食或爲驅使畜養此生故云畜生後之一願願己國中有衆生命終不向他國受苦此之兩願願生無苦後九願生得樂之中初之兩願願生身樂後之七願願生心樂心中五通各別爲一漏盡分二故有七願

第十二願光明無量

設我得佛。光明有能限量。下至不照百千億那由他諸佛國者。不取正覺。

第十三願壽命無量

設我得佛。壽命有能限量。下至百千億那由他劫者。不取正覺。

第二段中。明攝法身。文相易知。

第十四願聲聞無數

設我得佛。國中聲聞有能計量。乃至三千大千世界衆生悉成緣覺。於百千劫悉共計校。知其數者。不取正覺。

第十五願隨願脩短

設我得佛。國中天人壽命無能限量。除其本願脩短自在。若不爾者。不取正覺。

第十六願不聞惡名

設我得佛。國中天人乃至聞有不善名者。不取正覺。

第三段中。明攝衆生。文相易知。

第十七願諸佛稱歎

設我得佛。十方世界無量諸佛不悉咨嗟稱我名者。不取正覺。

第四段中明攝法身。文相易知。

第十八願十念必生

設我得佛。十方眾生。至心信樂。欲生我國。乃至十念。若不生者。不取正覺。唯除五逆。誹謗正法。

第十九願臨終接引

設我得佛。十方眾生。發菩提心。修諸功德。至心發願。欲生我國。臨壽終時。假令不與大眾圍遶。現其人前者。不取正覺。

第二十願欲生果遂

設我得佛。十方眾生。聞我名號。繫念我國。植眾德本。

至心迴向欲生我國。不果遂者。不取正覺。

第二十一願三十二相

設我得佛。國中天人不悉成滿三十二大人相者。不取正覺。

第二十二願一生補處

設我得佛。他方佛土諸菩薩衆來生我國。究竟必至一生補處。除其本願自在所化爲衆生故。被弘誓鎧。積累德本。度脫一切。遊諸佛國。修菩薩行。供養十方諸佛如來。開化恆沙無量衆生。使立無上正眞之道。超出常倫諸地之行。現前修習普賢之德。若不爾者。

不取正覺。

第二十三願供養諸佛

設我得佛，國中菩薩承佛神力供養諸佛，一食之頃不能徧至無量無數億那由他諸佛國者，不取正覺。

第二十四願供具隨意

設我得佛，國中菩薩在諸佛前，現其德本諸所求欲供養之具，若不如意者，不取正覺。

第二十五願演說妙智

設我得佛，國中菩薩不能演說一切智者，不取正覺。

第二十六願那羅延身

設我得佛國中菩薩不得金剛那羅延身者不取正覺。

第二十七願一切嚴淨

設我得佛國中天人一切萬物嚴淨光麗形色殊特。窮微極妙無能稱量。其諸眾生乃至逮得天眼有能明了辨其名數者不取正覺。

第二十八願道樹高顯

設我得佛國中菩薩乃至少功德者不能知見其道場樹無量光色高四百萬里者不取正覺。

第二十九願誦經得慧

設我得佛國中菩薩若受讀經法諷誦持說而不得辯才智慧者不取正覺。

第三十願慧辯無限

設我得佛國中菩薩智慧辯才若可限量者不取正覺。

第五段中初三願攝他國衆生次一願攝自國衆生次一還攝他國衆生後八還攝自國衆生。

第三十一願照見十方

設我得佛國土淸淨皆悉照見十方一切無量無數不可思議諸佛世界猶如明鏡覩其面像若不爾者

不取正覺。

第三十二願寶香妙嚴

設我得佛。自地已上至於虛空。宮殿樓觀池流華樹。國中所有一切萬物。皆以無量雜寶百千種香而共合成。嚴飾奇妙。超諸天人。其香普熏十方世界。菩薩聞者皆修佛行。若不爾者。不取正覺。

第六段中。明攝淨土文顯可知。

第三十三願蒙光柔輭

設我得佛。十方無量不可思議諸佛世界眾生之類。蒙我光明觸其體者。身心柔輭。超過天人。若不爾者。

不取正覺。

第三十四願聞名得忍

設我得佛。十方無量不可思議諸佛世界衆生之類。聞我名字。不得菩薩無生法忍諸深總持者。不取正覺。

第三十五願脫離女身

設我得佛。十方無量不可思議諸佛世界。其有女人聞我名字。歡喜信樂。發菩提心。厭惡女身。壽終之後復爲女像者。不取正覺。

第三十六願常修梵行

設我得佛。十方無量不可思議諸佛世界諸菩薩眾。聞我名字。壽終之後。常修梵行。至成佛道。若不爾者。不取正覺。

第三十七願天人致敬

設我得佛。十方無量不可思議諸佛世界諸天人民。聞我名字。五體投地。稽首作禮。歡喜信樂。修菩薩行。諸天世人莫不致敬。若不爾者。不取正覺。

第三十八願衣服隨念

設我得佛。國中天人欲得衣服。隨念即至。如佛所讚應法妙服。自然在身。若有裁縫染治浣濯者。不取正覺。

第三十九願樂如漏盡

設我得佛。國中天人所受快樂。不如漏盡比丘者、不取正覺。

第四十願樹中現剎

設我得佛、國中菩薩隨意欲見十方無量嚴淨佛土。應時如願於寶樹中皆悉照見。猶如明鏡覩其面像。若不爾者、不取正覺。

第四十一願諸根無缺

設我得佛。他方國土諸菩薩衆、聞我名字。至於得佛、諸根缺陋。不具足者。不取正覺。

第四十二願清淨解脫

設我得佛。他方國土諸菩薩眾。聞我名字。皆悉逮得清淨解脫三昧。住是三昧。一發意頃。供養無量不可思議諸佛世尊。而不失定意。若不爾者。不取正覺。

第四十三願聞名得福

設我得佛。他方國土諸菩薩眾。聞我名字。壽終之後生尊貴家。若不爾者。不取正覺。

第四十四願修行具德

設我得佛。他方國土諸菩薩眾。聞我名字。歡喜踊躍修菩薩行。具足德本。若不爾者。不取正覺。

第四十五願普等三昧

設我得佛。他方國土諸菩薩眾。聞我名字。皆悉逮得普等三昧。住是三昧。至於成佛。常見無量不可思議一切如來。若不爾者。不取正覺。

第四十六願隨願聞法

設我得佛。國中菩薩。隨其志願所欲聞法。自然得聞。若不爾者。不取正覺。

第四十七願聞名不退

設我得佛。他方國土諸菩薩眾。聞我名字。不即得至不退轉者不取正覺。

第四十八願得三法忍

設我得佛他方國土諸菩薩衆聞我名字不即得至第一第二第三法忍於諸佛法不能即得不退轉者不取正覺。

第七段中初五攝取他國衆生次三攝取自國衆生次五還攝他國衆生次一還攝自國衆生後二復攝他國衆生○此第三竟。

佛告阿難爾時法藏比丘說此願已以偈頌曰。

自下第四約前所願立誓自要於中合有十一偈

文。前之十偈。立誓自要。後一請證。就前十中。初三自要。後七順求。

我建超世願。必至無上道。斯願不滿足。誓不成等覺。

我於無量劫。不爲大施主。普濟諸貧苦。誓不成等覺。

我至成佛道。名聲超十方。究竟靡所聞。誓不成等覺。

前自要中。初偈約佛自德自要。前所發中。求法身願求浄土願名超世願。與心名建。得果決定。故云必至無上道矣。此言順舉。斯願不滿。誓不成者。是自要也。後二約就化德自要。於中初偈舉佛法施化益自要。後偈舉佛名聞普周化德自要。靡猶無也。我成佛時名聞十方有人究竟於我名字無所聞者不取正覺。

離欲深正念。淨慧修梵行。志求無上尊。爲諸天人師。
神力演大光。普照無際土。消除三垢冥。明濟衆厄難。
開彼智慧眼。滅此昏盲暗。閉塞諸惡道。通達善趣門。
功祚成滿足。威曜朗十方。日月戢重暉。天光隱不現。
爲衆開法藏。廣施功德寶。常於大衆中。說法師子吼。
供養一切佛。具足衆德本。願慧悉成滿。得爲三界雄。
如佛無礙智。通達靡不照。願我功德力。等此最勝尊。

就順求中。初偈是略。離欲深正念。淨慧修梵行。舉己善因。下用求果。無上尊求佛自德。爲天人師求利他德。餘六偈廣。於中初有五偈半文。廣舉佛德。末後半偈發願求同。前舉德中。初有兩偈舉佛化德。次有一偈舉佛自德。次有一偈復舉化德。後一偈半。重舉自德。就初兩偈化德中。神力演光照無際。上身業化也。消除已下。口業化也。消除三垢。濟衆厄難。小乘法化。敎斷三毒名除三垢。開彼慧眼。滅昏盲闇。大乘法化。閉塞惡道。通善趣門。人天法化。功祚一偈。舉佛自德。功祚成滿。是佛德洪。功果福祚皆悉成滿。威曜朗等是佛德用。且舉光用。餘略不論。威曜十方。光之廣也。日月戢輝。天光不現。光之勝也。佛光映蔽日月攝光。不能外照。名戢重輝。爲衆一偈。重舉化德文顯可知。後一偈半。重明自德。初偈明佛因成得果。供一切佛。具衆德本。福因成也。願慧悉滿。智因成也。爲三界雄。明因得果。下有半偈。彰用自在。佛無礙智。達無不照。上來一段廣舉佛德。願我功慧等此勝等。發願求同。功是福因。慧是智因。願我以此福智之力。等佛如來最勝之尊。上來十偈。立誓自要。

斯願若剋果。大千應感動。虛空諸天神。當雨珍妙華。

斯願一偈。請證要瑞。若定剋果。大千應動。空雨妙華。

佛語阿難。法藏比丘說此頌已。應時普地六種震動。天雨妙華以散其上。自然音樂空中讚言。決定必成無上正覺。

第五如要相現。法藏說已應時地動應前所要。雨華散上。應後所要。自然已下。出聲記歎。

於是法藏比丘。具足修滿如是大願誠諦不虛。超出世間深樂寂滅。

第六總以結歎。初先結之。超出下歎。○上來明願

△下次明行。於中有二。一明修具。二隨生下。明報殊勝。前中復二。一修淨土行。二從不生欲覺已下。修法身行。

阿難。法藏比丘於其佛所諸天魔梵龍神八部大眾之中。發斯弘誓。建此願已。一向專志莊嚴妙土。所修佛國。開廓廣大、超勝獨妙。建立常然。無衰無變。於不可思議兆載永劫、積植菩薩無量德行。

修土行中。時彼比丘。於其佛所大眾之中。發斯弘誓建此願已。牒前起後。牒前願心。起於後行。龍神夜叉乾闥婆等。是其八部。發斯弘誓。牒前所發。四十八願而起於後。建此願已牒前我建超世願等而起於後。下明起行。一向專志莊嚴妙土。總明起行。所修佛下。別明起行。別中先舉淨土之果。於不可下。對之修因。前舉果中所修佛國恢廓廣大明土廣也。超勝獨妙明土勝也。建立常然無衰無變。明土常也。修因可知。

△法身行中。初別後總。別中有四。一離煩惱。二勇猛下。明修善法。三遠離下。明離惡業。四棄國下。重明修善。

不生欲覺瞋覺害覺。不起欲想瞋想害想。不著色聲香味觸法。忍力成就。不計衆苦。少欲知足。無染恚癡。三昧常寂。智慧無礙。無有虛偽諂曲之心。和顏愛語。先意承問。

離煩惱中。初就自行明離煩惱。無有虛下。就利他行明離煩惱。前自行中。文曲有四。第一明離煩惱因緣。二忍力下。明修對治。三無染下。離煩惱體。四三昧下。復明修治。就初段中。先離惡因。不著色等明離惡緣。前離因中。不生欲覺瞋覺害覺。正明所離。覺有八種。如地持說。一是欲覺。思財思色。二是瞋覺。亦名恚覺。思欲瞋他。三者害覺。亦名惱覺。於他人所念欲加害。四者親覺。追憶親緣。五國土覺念世安危。六不死覺。謂身不死。廣集資生。七族姓覺。念氏族高下。八輕誣覺。念陵他人。此八種中。初三過重。爲是偏舉。不起欲想瞋想害想。重復顯之。不起欲想名離欲覺。不起瞋想名離瞋覺。不起害想名離害覺。亦可前言不生三覺。就始彰離。不起欲想瞋想害想。據終明離。未對境界。預起邪思名之爲覺。對緣生心。說爲三想。此皆離之。下離惡緣。不著色聲香味觸等。此初段竟。次明修治忍力成就。不計衆苦。能忍違緣。故離三覺。不起三想。少欲知足能忍順緣。故離色聲香味觸等。此兩段竟。次離惑體。無染恚癡。染猶貪也。此三段竟。下復修治。三昧常寂。止行深也。智慧無礙。觀行勝也。上來四段合為自利。下就利他。明離煩惱。無有虛偽諂曲之心。明離心過。言和顏者。明離身過。愛語先問。明離口過。由無煩惱。故身口意中不起過矣。上來第一明離煩惱。

勇猛精進。志願無倦。專求清白之法。以惠利羣生。恭敬三寶。奉事師長。以大莊嚴具足眾行。令諸眾生功德成就。住空無相無願之法。無作無起。觀法如化。

第二明其修善於中有三。一起願心。二恭敬下依願起行。三住空下。行成入證。初起願中勇猛精進志願無倦求清白法。自利願也。惠利羣生利他願也。第二行中。先明自利後明利他。前自利中恭敬三寶奉事師長攝行方便。恭敬三寶攝福方便。奉事師長攝智方便。以大嚴等彰行成就。以大嚴者。謂以福智二種莊嚴而自嚴也。具衆行者隨別以分。謂具檀等一切行也。下明利他。以行教他故令衆生功德成就。第三證中。住空無相無願之法無作無起證法。非有人法無性名之爲空。假人假法。

相亦不有名爲無相於此二中無有希求願樂之心名爲無願又離妄想亦名無願於此三中無果可爲名爲無作故維摩云雖行無作而現受身故知無作約果以論於前三中無因可生名爲無起故維摩云雖行無起而起善行故知無起約因以說然諸經中說理不定或說一空如大品中所說獨空辨一不多故名爲獨或說二種謂二無我或說三種空無相無願或說四種如維摩說謂空無作無相無起又大品說有法空無法空自法空他法空亦是四種別章廣釋或說五種如此中說空

無相無願無作無起備如向釋或說七空如大品說或說九空如毗曇說或說十一如涅槃說或說十四如大品說或說十八如大品說或說二十五空如涅槃說廣則無量今據一門且說五種於此理法證會名爲觀法如化證法非無此第二竟

遠離麤言自害害彼彼此俱害修習善語自利利人我兼利

第三明離惡業於中初先明其離過修習善下彰其攝治前離過中遠離麤言明離口惡遠離自害害他俱害明離身惡下攝治中修習善語治前口

惡。自利利人。人我俱利。治前身惡。此第三竟。
棄國捐王絕去財色。自行六波羅蜜。敎人令行。
第四重明修善。於中初先明其自利。棄國捐王絕去財色明其所捨。自行六度。彰其所修。下明利他。以前六度敎人令行。○上來四段別明身因。
無央數劫積功累德。
總以結之。上來第一明修具。
隨其生處在意所欲。無量寶藏自然發應。敎化安立無數衆生。住於無上正眞之道。或爲長者居士豪姓尊貴。或爲刹利國君轉輪聖帝。或爲六欲天主乃至梵王常以四事供養恭敬一切諸佛如是功德不可稱說口氣香潔如優鉢羅華身諸毛孔出栴檀香其香普熏無量世界容色端正相好殊妙其手常出無盡之寶衣服飲食珍妙華香繒蓋幢旛莊嚴之具如是等事超諸天人於一切法而得自在。

第二彰報殊勝於中有二。一對上所修淨土之因明得報勝即勝依果。二或為長者居士已下對上所修法身之因明得報勝得勝正果前中初言隨其生處在意所欲無量寶藏自然發應明得勝財。在猶任也敎化安立住於正道以財攝他令歸正法。後中初明功德之果。次於一切法而得自在明智慧果。功德果中先別後結。別中有四。一身報尊上。二常以四事供養已下。依身起行。三口氣下身報微妙。於中三句。文相可知。四手出下。依身起用。手出供具供養諸佛。上來別竟。如是之等超諸天人。總以結歎。慧果可知。◯上明所行。

佛說無量壽經義疏卷三

佛說無量壽經義疏卷四

曹魏天竺三藏康僧鎧譯經

隋京師淨影寺沙門慧遠撰疏

△自下第二明其所成。謂成法身淨土之果。然此所成。遂前四十八之大願。應別對之。文顯可知。文中有二。一略明所成。二廣明所成。

下廣明所成。

阿難白佛。法藏菩薩。爲已成佛而取滅度。爲未成佛。爲今現在。佛告阿難。法藏菩薩。今已成佛。現在西方。去此十萬億剎。其佛世界名曰安樂。阿難又問。其佛成道已來。爲經幾時。佛言。成佛已來。凡歷十劫。其佛國土。自然七寶。金銀瑠璃珊瑚琥珀硨磲瑪瑙。合成爲地。恢廓曠蕩。不可限極。悉相雜廁。轉相間入。光赫煜爍。微妙奇麗。淸淨莊嚴。超踰十方一切世界衆寶中精。其寶猶如第六天寶。又其國土無須彌山。及金剛圍一切諸山。亦無大海小海溪渠井谷。佛神力故欲見則見。亦無地獄餓鬼畜生諸難之趣。亦無四時。春秋冬夏。不寒不熱。常和調適。爾時阿難白佛言。世尊。若彼國土無須彌山。其四天王及忉利天依何而住。佛語阿難。第三炎天乃至色究竟天皆依何住。阿難白佛行業果報不可思議。佛語阿難。行業果報不可思議。諸佛世界亦不可思議。其諸衆生功德善力．住行業之地。故能爾耳。阿難白佛。我不疑此法。但爲將來衆生。欲除其疑惑。故問斯義。

略中有四。第一阿難就身爲問成佛已未。如來具答。二其佛界下。約之明土。三又問下。阿難重復就身爲問成來久近。如來具答。四其國自然七寶已下。約之明土。就初段中。阿難先問法藏比丘爲已成佛。爲未爲現。此約三世時別以問。佛答可知。第二段中。直列彼佛國土名號。未辨其相。第三段中。

先問後答文顯可知。第四段中先明所有。又其國土無須彌下。彰其所無。明所有中自然寶成明其體相。恢廓曠蕩明其量相。悉相雜等明莊嚴相。明所無中初先正辨。阿難白下問答重顯。前正辨中。初無山等。次無四趣。後無四時春秋等別。後重顯中文別有三。初阿難問若無須彌四天王等依何而住。如來反質。二阿難正答。如來約之以顯彼事。三阿難彰己為他故問。非自不知。上來略竟。

△就下廣中文別有四。一明佛身。二卽約身明其徒眾。三明國土。四卽約土明其人民。

佛告阿難。無量壽佛威神光明最尊第一。諸佛光明所不能及。或照百佛世界。或千佛世界。取要言之。乃照東方恆沙佛刹。南西北方四維上下亦復如是。或有佛光照於七尺。或一由旬。二三四五由旬。如是轉倍乃至照一佛刹。是故無量壽佛。號無量光佛。無邊光佛。無礙光佛。無對光佛。炎王光佛。清淨光佛。歡喜光佛。智慧光佛。不斷光佛。難思光佛。無稱光佛。超日月光佛。其有眾生遇斯光者。三垢消滅。身意柔輭。歡喜踊躍。善心生焉。若在三塗極苦之處。見此光明。皆得休息。無復苦惱。壽終之後。皆蒙解脫。無量壽佛光明顯赫照曜十方諸佛國土莫不聞知不但我今稱其光明一切諸佛聲聞緣覺諸菩薩衆咸共歎譽亦復如是若有衆生聞其光明威神功德日夜稱說至心不斷隨意所願得生其國爲諸菩薩聲聞大衆所共歎譽稱其功德至其最後得佛道時普爲十方諸佛菩薩歎其光明亦如今也佛言我說無量壽佛光明威神巍巍殊妙晝夜一劫尙不能盡佛語阿難無量壽佛壽命長久不可稱計汝寧知乎假使十方世界無量衆生皆得人身悉令成就聲聞緣覺都共集會禪思一心竭其智力於百千萬劫悉共推算計其

壽命長遠劫數不能窮盡知其限極。

就初段中應先解釋三佛之義然後釋文義如別章。文中初先明佛光相。後顯壽命。前明光中奇歎以顯。先別後結。別中有四。一釋迦自歎。二其有眾生遇斯光下。明諸眾生見聞利益。三無量壽光顯赫已下。諸聖共歎。四若有眾生聞其光下。重明眾生見聞獲益。初中有三。一辨勝過劣。無量壽佛光明第一。二諸佛光明所不及下。舉劣顯勝。佛光實等。隨化故爾。三是故下。廣歎顯勝。有十二句。初無量光。無邊。無礙。此之三種當相以歎。無量多也。無

邊廣也無礙自在也無對炎王此之兩種寄對顯
勝他光不敵名無對光此光勝餘名炎王光清淨
歡喜智慧不斷此之四種當相以歎離垢稱淨能
令見者心悅名喜於法善照名智慧光常照不絕
名不斷光難思無稱超日月光此之三種寄對顯
勝過世心想故曰難思過世言相名無稱光過世
色相名超日月上來第一釋迦自歎自下第二見
聞獲益初有遇者三垢消滅明除障益此名三毒
爲三垢耳身意輭等明生善益若在三下明滅苦
益壽終後下明得樂益第三共歎文顯可知第四

重明獲益之中。初明稱說隨意往生。次爲諸聖咸共歎譽。後明得佛。一切共歎。上來別歎。佛。佛言我說無量壽佛光明已下。總以結歎。上來明光。下明佛壽。文顯可知。上來第一明其佛身。

聲聞菩薩天人之衆。壽命長短亦復如是。非算數譬喻所能知也。又聲聞菩薩。其數難量。不可稱說。神智洞達。威力自在。能於掌中持一切世界。佛語阿難。彼佛初會。聲聞衆數不可稱計。菩薩亦然。如大目揵連百千萬億無量無數。於阿僧祇那由他劫乃至滅度。悉共計校。不能究了多少之數。譬如大海深廣無量。

假使有人析其一毛以爲百分。以一分毛沾取一渧。於意云何。其所渧者。於彼大海何所爲多。阿難白佛。彼所渧水。比於大海多少之量。非巧歷算數言辭譬類所能知也。佛語阿難。如目連等。於百千萬億那由他劫。計彼初會聲聞菩薩。所知數者。猶如一渧。其所不知。如大海水。

第二約身明衆。於中有四。一明其土人壽長遠。如無量壽。二又聲聞下。明其衆多。三神智洞下。彰其德勝。四重顯衆多。且就初會顯其多相。餘不可論。初會聲聞不可稱計。菩薩亦然。當不辨多相。就目連不知以顯。於中初明目連不知。如大海下。借事顯之。佛先立喻反問阿難。次阿難答。下佛約之彰顯目連所知多少。

△自下第三明其國土。是中應先解淨土義。然後釋文。義如別章。文中汎論有三莊嚴。一事莊嚴色香味等五欲精上。二法莊嚴純論妙法。三人莊嚴勝善眾生居住其中。今此所明國土勝中。有事莊嚴及法莊嚴。下第四段人民殊勝是人莊嚴。然彼土中莊嚴妙事不可具辨。今此文中略舉四事。一明寶樹。二明伎樂。三明講堂宮殿等事。四明寶池。

又其國土。七寶諸樹。周滿世界。金樹。銀樹。琉璃樹。玻瓈樹。珊瑚樹。瑪瑙樹。硨磲之樹。或有二寶三寶。乃至七寶轉共合成。或有金樹。銀葉華果。或有銀樹。金葉華果。或琉璃樹。玻瓈爲葉。華果亦然。或水精樹。琉璃爲葉。華果亦然。或珊瑚樹。瑪瑙爲葉。華果亦然。或瑪瑙樹。琉璃爲葉。華果亦然。或硨磲樹。衆寶爲葉華果亦然。或有寶樹。紫金爲本。白銀爲莖。琉璃爲枝。水精爲條。珊瑚爲葉。瑪瑙爲華。硨磲爲實。或有寶樹。白銀爲本。琉璃爲莖。水精爲枝。珊瑚爲條。瑪瑙爲葉。硨磲爲華。紫金爲實。或有寶樹。琉璃爲本。水精爲莖。珊瑚爲枝瑪瑙爲條硨磲爲葉紫金爲華白銀爲實或有寶樹水精爲本珊瑚爲莖瑪瑙爲枝硨磲爲條紫金爲葉白銀爲華瑠璃爲實或有寶樹珊瑚爲本瑪瑙爲莖硨磲爲枝紫金爲條白銀爲葉瑠璃爲華水精爲實或有寶樹瑪瑙爲本硨磲爲莖紫金爲枝白銀爲條瑠璃爲葉水精爲華珊瑚爲實或有寶樹硨磲爲本紫金爲莖白銀爲枝瑠璃爲條水精爲葉珊瑚爲華瑪瑙爲實行行相值莖莖相望枝枝相準葉葉相向華華相順實實相當榮色光曜不可勝視淸風時發出五音聲微妙宮商自然相和又無量壽佛其

道場樹高四百萬里。其本周圍五千由旬。枝葉四布二十萬里。一切眾寶自然合成。以月光摩尼持海輪寶眾寶之王而莊嚴之。周帀條間垂寶瓔珞。百千萬色種種異變。無量光炎照曜無極。珍妙寶網羅覆其上。一切莊嚴隨應而現。微風徐動。出妙法音。普流十方一切佛國。其聞音者得深法忍。住不退轉。至成佛道。不遭苦患。目覩其色。耳聞其音。鼻知其香。舌嘗其味。身觸其光。心以法緣。一切皆得甚深法忍。住不退轉。至成佛道。六根清徹無諸惱患。阿難。若彼國土天人見此樹者得三法忍。一者音響忍。二者柔順忍。三

者無生法忍。此皆無量壽佛威神力故本願力故滿
足願故明了願故堅固願故究竟願故佛告阿難世
間帝王有百千音樂自轉輪聖王乃至第六天上妓
樂音聲展轉相勝千億萬倍第六天上萬種樂音不
如無量壽國諸七寶樹一種音聲千億倍也。

樹中初先汎明諸樹第二別明道場之樹三總就
之校量顯勝。前汎明中先列其樹後明出聲就列
樹中其國寶樹周滿世界總以標舉。金銀樹等明
純寶樹或二寶下明雜寶樹所出聲中出五音者
所謂宮商角徵羽等五種音也第二所明道場樹

中先明樹相次明出聲下明衆生見聞獲益前明樹中先明量相一切衆寶自然合成明其體相以月光等明莊嚴相出聲可知就明見聞獲益之中初明六根見聞覺知悉得利益下明得忍差別不同彼國天人皆得三忍總以標舉慧心安法名之爲忍忍隨淺深差別爲三次列三名尋聲悟解知聲如響名音響忍三地已還捨詮趣實名柔順忍四五六地證實離相名無生忍七地已上下明衆生得忍所由皆無量壽威神力者由彼如來現在威力故獲三忍本願力等由其過去本願之力故

獲三忍。本願是總。餘四是別。滿足願者。願心圓備。明了願者。求心顯著。堅固願者。緣不能壞。究竟願者。終成不退。以此願故。生彼國者。悉得三忍。前明諸樹。次別明其道場之樹。下通就之。格量顯勝。偏顯樹中音聲勝矣。文顯可知。上來明樹。

亦有自然萬種妓樂。又其樂聲。無非法音。淸暢哀亮。微妙和雅。十方世界音聲之中。最爲第一。

第二明其伎樂。亦有自然萬種伎樂。總以標舉。又其樂聲。無非法等。顯其聲妙。十方界等。彰其聲勝。勝十方界一切音聲。

其講堂精舍宮殿樓觀。皆七寶莊嚴。自然化成。復以眞珠明月摩尼衆寶。以爲交絡覆蓋其上。

第三明其講堂宮殿等事。講堂精舍宮殿樓觀皆七寶成。明其體相。復眞珠等。明莊嚴相。

内外左右有諸浴池。或十由旬。或二十三十乃至百千由旬。縱廣深淺皆各一等。八功德水湛然盈滿。清淨香潔。味如甘露。黃金池者。底白銀沙。白銀池者。底黃金沙。水精池者。底瑠璃沙。瑠璃池者。底水精沙。珊瑚池者。底琥珀沙。琥珀池者。底珊瑚沙。硨磲池者。底瑪瑙沙。瑪瑙池者。底硨磲沙。白玉池者。底紫金沙。紫

金池者底白玉沙或有二寶三寶乃至七寶轉共合
成其池岸上有栴檀樹華葉垂布香氣普熏天優鉢
羅華鉢曇摩華拘物頭華分陀利華雜色光茂彌覆
水上彼諸菩薩及聲聞衆若入寶池意欲令水沒足
水即沒足欲令至膝即至於膝欲令至腰水即至腰
欲令至頸水即至頸欲令灌身自然灌身欲令還復
水輒還復調和冷暖自然隨意開神悅體蕩除心垢
清明澄潔淨若無形寶沙映徹無深不照微瀾迴流
轉相灌注安詳徐逝不遲不疾波揚無量自然妙聲
隨其所應莫不聞者或聞佛聲或聞法聲或聞僧聲

或寂靜聲。空無我聲。大慈悲聲。波羅蜜聲。或十力無畏不共法聲。諸通慧聲。無所作聲。不起滅聲。無生忍聲。乃至甘露灌頂眾妙法聲。如是等聲。稱其所聞歡喜無量。隨順清淨離欲寂滅眞實之義。隨順三寶力無所畏不共之法。隨順通慧菩薩聲聞所行之道。無有三塗苦難之名。但有自然快樂之音。是故其國名曰極樂。

第四明其池相。於中初先辨其池相。後明出聲。辨池相中文曲有四。一明量相。彼國諸池或十由旬。二十三十乃至縱廣百千由旬。二明水相具八功德。淸淨。不臭。輕冷。輭美。飲時調適。飲已無患。是其八也。淸淨色入。不臭香入。輕冷及輭此三觸入。美。是味入。飲時調適。飲已無患。此二法入。此八是其水家功能。故名爲功。水家之德。故名爲德。文中初言八功德水湛然盈滿。總以標擧。言淸淨者。八中淨也。言香潔者。八中香也。味如甘露。八中美也。三黃金下。明諸寶等莊嚴之相。四彼菩薩聲聞入下。彰其資用無礙之相。於中五句。一淺深無礙。二冷輭得中。三釋神除垢。四淨無瑕穢。五迴流相注遲疾得所。上來明池。下明出聲。於中有四。初演無量自然妙聲正明出聲。二隨所應下。善應物聞。於中初總。次別。後結。三隨順清淨離欲已下。明能起善。隨順清淨離欲寂滅眞實之義。順涅槃也。隨順三寶力無畏等。順菩提也。此前順果。隨順通慧菩薩聲聞所行之道。隨順其因。四無三途下。明能生樂。無三途等。明無苦也。但有自等。明有樂也。是故已下結歎顯勝。○上來四段合爲第三明其國土。

△自下第四辨其人民。於中有四。一明他方新往生者正報微妙。二所處宮下。依報殊勝。三其諸聲聞菩薩已下。明舊住者正報微妙。四其諸天人衣服

以下依報殊勝。

阿難彼佛國土諸往生者具足如是淸淨色身諸妙音聲神通功德。

初中具足淸淨色身明身勝也諸妙音聲明口勝也神通功德明意勝也。

所處宮殿衣服飲食衆妙華香莊嚴之具猶第六天自然之物若欲食時七寶應器自然在前金銀瑠璃硨磲瑪瑙珊瑚琥珀明月眞珠如是諸鉢隨意而至。百味飲食自然盈滿雖有此食實無食者但見色聞香意以爲食自然飽足身心柔輭無所味著事已化去。時至復現。彼佛國土淸淨安隱微妙快樂。次於無爲泥洹之道。

第二段中。所處宮殿衣服等事。猶第六天資具勝也。若欲食等。資用勝也。且就食論。彼佛國土淸淨安等。總歎顯勝。次於無爲泥洹之道。泥洹涅槃。本是一名。傳之音異。

其諸聲聞菩薩天人。智慧高明。神通洞達。咸同一類。形無異狀。但因順餘方。故有天人之名。顏貌端正。超世希有。容色微妙。非天非人。皆受自然虛無之身。無極之體。佛告阿難。譬如世間貧窮乞人在帝王邊。形貌容狀寧可類乎阿難白佛假令此人在帝王邊羸陋醜惡無以為喻百千萬億不可計倍所以然者貧窮乞人底極廝下衣不蔽形食趣支命飢寒困苦人理殆盡皆坐前世不植德本積財不施富有益慳但欲唐得貪求無厭不信修善犯惡山積如是壽終財寶消散苦身積聚為之憂惱於己無益徒為他有無善可怙無德可恃是故死墮惡趣受此長苦罪畢得出生為下賤愚鄙斯極示同人類所以世間帝王人中獨尊皆由宿世積德所致慈惠博施仁愛兼濟履信修善無所違諍是以壽終福應得升善道上生天

上享茲福樂。積善餘慶。今得爲人。乃生王家。自然尊貴。儀容端正。衆所敬事。妙衣珍饍。隨心服御。宿福所追。故能致此。佛告阿難。汝言是也。計如帝王雖人中尊貴。形色端正。比之轉輪聖王。甚爲鄙陋。猶彼乞人在帝王邊也。轉輪聖王威相殊妙。天下第一。比之忉利天王。又復醜惡。不得相喻萬億倍也。假令天帝比第六天王。百千億倍不相類也。設第六天王比無量壽佛國菩薩聲聞。光顏容色不相及逮。百千萬億不可計倍。

第三舊住衆生勝中。其諸聲聞菩薩天人。智慧高明。神通洞達。明其德勝。咸同一下。彰其身勝。於中初言咸同一類無有異狀但順餘方故有天人名。明身齊等顏貌端下。明身殊勝顏貌端正超世希有當相辨勝。佛告已下校量顯勝。校中有五。一將貧人比粟散王。二將粟散王比轉輪王。三將輪王比忉利王。四將忉利王比他化王。五將他化自在天王比無量壽一切天人畢竟不及。初校量中文曲有三。一佛將貧人對粟散王反問阿難。二阿難正答。假令此人在帝王邊無以爲喻百千萬億不可計倍。正明貧人不及帝王所以然者下。明彼貧人不及所由。由其先世無善故爾。文顯可知。所以世間帝王已下。釋彼帝王勝過所以。以其宿世修善故爾。文亦可知。三如來迹可。餘四校量文顯易解。

佛告阿難。無量壽國其諸天人衣服飲食華香瓔珞。繒蓋幢旛微妙音聲。所居舍宅宮殿樓閣稱其形色高下大小。或一寶二寶乃至無量衆寶隨意所欲應念即至。又以衆寶妙衣徧布其地。一切天人踐之而行。無量寶網彌覆佛土。皆以金縷眞珠百千雜寶奇妙珍異莊嚴校飾。周帀四面垂以寶鈴。光色晃曜盡身生樂。四吹散衆華徧滿其國。第五華中。句別有四。一明寶華周徧世界。二明諸華各具多葉。三明諸華各出多光。四一一華中出三十下。明諸華中各出多佛。於中復四。第一明前一一華中各出多光。出三十六百千億光。第二明前一一華中各出多佛。出三十六百千億佛。第三明前一一諸佛各放多光。第四明前一一諸佛普爲十方說微妙法。於中初先明其所說。如是諸佛各各已下。彰說利益。

△自下第三明其所攝。攝取十方有緣衆生同往彼

國。以法化益。然下所攝遂上所發四十八願。一一別對相顯可知。文中有四。一攝下人同生彼國。二無量壽佛威德無極下。攝取上人同往彼國。三彼國菩薩皆當究竟一生已下。重攝下人同生彼國。四彌勒白佛於此世界幾許菩薩生彼已下。重攝上人同生彼國。第一第三有何差別。前初段中具辨生業教修往生。第三段中舉得舉失勸人往生。義有此別。故須分別。第二第四有何差別。前第二中攝人同往。第四段中攝人同生。有斯不同。故須別說。攝取下人。正明所答。攝取上人。顯彼土勝增人慕求。
△初中有三。一彰生彼住正定聚令人慕求。二十方佛皆共讚下。舉聞名者皆得往生增人去心。三佛告阿難下。正辨生業敎修往生。

佛告阿難。其有衆生生彼國者皆悉住於正定之聚。所以者何。彼佛國中無諸邪聚及不定聚。

初中其有生彼國者皆住正定。正明所成。人有三聚。一者邪定。二者正定。三者不定。小乘法中論說不同。若依毗曇。外凡常沒名爲邪定。五停心觀總別念處煗頂二心名爲不定。此等有退故名不定。

忍心已上堅固不退名爲正定若依成實外凡常沒名爲邪定聞思二慧行有退轉說爲不定五停心觀名爲聞慧總別念處名爲思慧煗頂已上說名修慧現見法空永不退轉悉爲正定大乘法中善趣已前名爲邪定善趣位中數進數退說爲不定習種已去位分不退說爲正定莫問大乘小乘衆生生彼國者皆住正定所以下釋彼無邪定及不定聚故皆正定

十方恆沙諸佛如來皆共讚歎無量壽佛威神功德不可思議諸有衆生聞其名號信心歡喜乃至一念

至心迴向願生彼國即得往生住不退轉唯除五逆誹謗正法。

第二段中初明十方恒沙諸佛皆共讚歎無量壽佛次明衆生聞名信心迴向發願皆得往生下彰分者唯除五逆誹謗正法餘皆得生言五逆者殺父殺母殺阿羅漢破和合僧出佛身血此是其五也此五皆恩及違福田故名爲逆前二皆恩後之三種違於福田立邪毀正名爲謗法此等障重所以除之問曰於彼觀經之中說五逆等皆得往生。今此經中言不得生此言何論釋有兩義一約人分別。人有二種。一者久發大乘心人。遇緣造逆。如闍王等。此雖造逆。必有重悔。發心求出。能滅重罪。爲是得生。觀經據此。二者先來不發大心。現造逆罪。多無重悔。不能決定發菩提心。爲是不生。此經據此。二約行分別。行有定散。有人雖復造作逆罪。能修十六正觀善根深觀佛德。除滅重罪。則得往生。觀經據此。若人造逆。不能修習觀佛三昧。雖作餘善。不能滅罪。故不往生。此經據此。

佛告阿難。十方世界諸天人民。其有至心願生彼國凡有三輩。

第三正辨生業教修往生。於中初言十方世界諸天人民願生彼國凡有三輩總以標舉。如觀經中。麤分爲三。細分爲九。麤分三者。謂上中下。大乘人中習種已上名爲上品。小乘人中外凡持戒乃至那含以爲中品。大乘人中外凡善趣名爲下品。細分九者。前上品中細分爲三。所謂上上。上中。上下。四地已上名爲上上。生彼即得無生忍故。初二三地名爲上中。生彼國已過一小劫得無生忍。彼國日長。故一小劫得無生忍。若於此界。經無量劫方得無生忍。種性解行名爲上下。生彼國已過三小劫得百法明門。住於初地。故知地前。亦以彼國時日長遠。故經三小劫。得到初地。若於此界。經無量劫。此處判位太高。與攝下人之意不符。考觀經上品文內。亦是大心凡夫。乘願往生。應依圓教十信滿心。生上上品。到時即入初住。如華嚴經一證一切證。所謂初發心時。便成正覺。方合此經微妙之旨。疏主依漸教判作地上生品。恐致後人生疑。以爲凡夫無分。故略辨之。

中品之人。亦分爲三。所謂中上。中中。中下。見道已上。名爲中上。生彼即得羅漢果。故內凡之人。名爲中中。生彼即得須陀洹。故輭等四心。名爲內凡。外凡持戒。名爲中下。生彼國已。經一小劫。得羅漢。故下品人中。亦分爲三。所謂下上。下中。下下。彼約作罪輕重。以分不隨位分。彼中九品。今合爲三。上品三人。合爲上輩。中品三人。合爲中輩。下品三人。合爲下輩。然此三輩。人位雖殊。至欲往生。齊須發心求大菩提。專念彼佛。迴向發願。方得往生。故此論之。問曰。天親作往生偈。女人根缺及二乘種皆不得生。觀經宣說小乘衆生亦得往生。其義云何。釋言。彼說女人根缺不得生者。就彼國中受報時說。彼無女人及根缺故。言二乘種不得生者。就此國中往去時說。小乘衆生先雖習得。臨欲去時。要發大心方得往生。若用小心求生彼國無得去理。爲是天親言二乘種不得往生。問曰。若言去用大心何故至彼證入小果。釋言。由其本習小乘多故。本在此處多學觀察苦無常等。至彼聞說苦無常等卽便悟解故證小果。以本垂終發大乘心求生彼故在彼國中得羅漢已卽便求大。上來總舉。下別顯之

其上輩者。捨家棄欲而作沙門。發菩提心。一向專念無量壽佛。修諸功德。願生彼國。此等衆生臨壽終時。無量壽佛與諸大衆現其人前。卽隨彼佛往生其國。便於七寶華中自然化生。住不退轉。智慧勇猛神通自在。是故阿難。其有衆生欲於今世見無量壽佛應

發無上菩提之心。修行功德願生彼國。
就上輩中。初舉。次辨。後總結歎。辨中有三第一明其所修行因。二此等下同成往生。三住不退下。生彼得益。初修因中句別有五。一捨俗出家。二發菩提心。三一向專心念無量壽佛。四修諸功德。五用前諸善願生彼國。就往生中初彼迎此。即隨已下。此往生彼。就得益中。住不退轉位分堅固智慧勇等成德殊勝。前舉次辨。是故已下。結歎修習。

佛告阿難。其中輩者。十方世界諸天人民。其有至心願生彼國。雖不能行作沙門。大修功德。當發無上菩提之心。一向專念無量壽佛多少修善奉持齋戒。起立塔像飯食沙門懸繒然燈散華燒香。以此迴向願生彼國。其人臨終。無量壽佛化現其身。光明相好具如眞佛。與諸大眾現其人前。卽隨化佛往生其國。住不退轉。功德智慧。次如上輩者也。

就中輩中。初舉後辨。辨中還初明其行因。次明往生。後彰得益。前明因中。十方天人其有至心願生彼國。總以標舉。雖不能行作沙門等。簡異上輩。依彼觀經。此小乘人。是故不能大修功德。當發已下。正辨其因。於中四句。一發菩提心。二專心念彼無量壽佛。三少修福善。四迴向願生。此人雖復先學小乘。正欲往生。必須修習如此四行。方得往生。就往生中。初彼迎。此後此生彼。得益可知。

佛告阿難。其下輩者。十方世界諸天人民。其有至心欲生彼國。假使不能作諸功德。當發無上菩提之心。一向專意乃至十念。念無量壽佛。願生其國。若聞深法。歡喜信樂。不生疑惑。乃至一念。念於彼佛。以至誠心願生其國。此人臨終。夢見彼佛。亦得往生。功德智慧。次如中輩者也。

就下輩中。初舉。後辨。辨中還初明其行因。次明往生後彰得益。前明因中。十方天人其有至心欲生彼國。總以標舉。假使不能作諸功德簡異中輩。如觀經中。舉罪以別。今此略無。當發已下正辨其因。於中四句。一發菩提心。二專心念彼無量壽佛。乃至十念願生其國。三聞深法歡喜信樂不生疑惑。四至誠心乃至一念念於彼佛願生彼國。就往生中明於夢中夢見彼佛。亦得往生。得益可知。○上來第一明攝下人。

△自下第二明攝上人同往彼國。舉此爲顯彌陀國勝。增前下人求生心矣。於中初先長行略辨。後偈

廣論。

佛告阿難。無量壽佛威神無極。十方世界無量無邊不可思議諸佛如來莫不稱歎。於彼東方恒沙佛國。無量無數諸菩薩衆。皆悉往詣無量壽佛所。恭敬供養及諸菩薩聲聞之衆。聽受經法。宣布道化。南西北、方四維上下亦復如是。

前長行中。文別有二。一諸佛共歎。二於東方下。菩薩共往。後偈中別頌。宜審記知。前佛歎中。初佛告阿難。無量壽佛威神無極。釋迦自歎。十方界下。餘佛共歎。此下別頌。亦須記知。下同往中。先列東方。

後類餘方。列東方中。於彼東方恆沙佛國無數菩薩。皆悉往詣無量壽佛。是其始也。恭敬供養。及諸菩薩聲聞之衆。是其次也。聽受經法宣布道化。是其終也。東方既然。餘方亦爾。此初中後。下偈別頌亦須記知。下偈頌之。

爾時世尊而說頌曰。

世尊頌曰。經家序列。下正頌之。有三十偈。初十五偈。頌上後段菩薩共往。後十五頌頌上初段諸佛同歎。

△前十五中。初有兩偈。頌前同往。次有五偈。頌前文

中恭敬供養。下有八偈頌前聽法宣布道化。

東方諸佛國。其數如恆沙。彼土菩薩衆。往覲無量覺。

南西北四維。上下亦復然。彼土菩薩衆。往覲無量覺。

前兩偈中初偈頌前東方同往。後偈頌上餘方共往。至彼禮敬無量壽佛。是故名覲無量覺矣。

一切諸菩薩。各賫天妙華。寶香無價衣。供養無量覺。

咸然奏天樂。暢發和雅音。歌歎最勝尊。供養無量覺。

究達神通慧。遊入深法門。具足功德藏。妙智無等倫。

慧日朗世間。消除生死雲。恭敬遶三帀。稽首無上尊。

見彼嚴淨土。微妙難思議。因發無量心。願我國亦然。

次五偈中前之四偈見佛供養後之一偈見土願求前四偈中初之兩偈外事供養後之兩偈內事供養前外事中各齎妙華華供養也寶者寶供香者香供無價衣者以衣供養奏天樂等伎樂供養伎樂音中歌歎佛德後內事中初一偈半口歎供養後之半偈身敬供養就口歎中前之一偈歎佛自德後之半偈歎佛利他歎自德中究達通慧遊入深法歎佛智通二種德也智是通本通是智用是二相須故幷歎之通慧究滿究竟名究洞達名達此通與慧皆依法成故復明其遊入深法倚觀

曰遊。窮本稱入證入法界緣起通門。能現勝通證入法界緣起智門。能起勝慧。具功德藏妙智無等。歎佛福智二種行也。福是慧資。慧是福導。是二相須故幷歎之。福行圓備名具功德。慧行殊勝名智無等。倫謂匹倫。役伴之謂。佛無倫匹名無等倫。下利他中慧日朗世化人生智慧能開曉照世如日。教人生解名朗世間。消除生死化人離障。生死覆障從喻名雲。身敬可知。上來四偈見佛供養。下之一偈見土願求。文顯可知。

應時無量尊動容發欣笑。口出無數光徧照十方國。

迴光圍遶身。三帀從頂入。一切天人眾。踊躍皆歡喜。
大士觀世音。整服稽首問。白佛何緣笑。唯然願說意。
梵聲猶雷震。八音暢妙響。當授菩薩記。今說仁諦聽。
十方來正士。吾悉知彼願。志求嚴淨土。受決當作佛。
覺了一切法。猶如夢幻響。滿足諸妙願。必成如是剎。
知法如電影。究竟菩薩道。具諸功德本。受決當作佛。
通達諸法性。一切空無我。專求淨佛土。必成如是剎。

此八偈中。頌上聽法宣布道化。就此文中。初之兩偈彌陀如來現相發起。次有一偈觀音怪問。後之五偈彼佛具答。梵聲猶雷。八音暢妙。答聲妙也。八種梵音如彼梵摩喻經中說。一最妙聲其聲哀妙。二易了聲言辭辨了。三調和聲大小得中。四柔軟聲其聲柔軟。五不悞聲言無錯失。六不女聲其聲雄朗。七尊慧聲言有威肅如世尊重有慧人聲。八深遠聲其聲深遠猶如雷震。以此妙音酬答觀音。當受菩薩記。今說仁諦聽勅聽許說。授記之言義如上解。今當說此。仁等諦聽。自下四偈正明所說。於中初偈舉彼願心記必成佛。第二一偈舉彼智願記必得土。覺了一切如夢幻等是舉智也。滿足諸願是舉願也。成如是剎記得土也。第三一偈舉彼智行記必成佛。知法如電。舉彼智也。究菩薩道具諸德本。舉彼行也。受決作佛。記成佛也。第四一偈。舉彼智願記必得土。通達法性一切空無是舉智也。前覺一切如夢幻等。是世諦智。此通法性一切空無。是眞諦智。專求淨土。是舉願也。必成是刹。記得土也。

△下十五偈頌上文中諸佛共歎。初有五偈頌前十方諸佛共歎。後之十偈頌前文中釋迦自歎。

諸佛告菩薩。令覲安養佛。聞法樂受行。疾得淸淨處。

至彼嚴淨國。便速得神通。必於無量尊。受記成等覺。

其佛本願力聞名欲往生皆悉到彼國自致不退轉菩薩興志願願已國無異普念度一切名顯達十方奉事億如來飛化徧諸刹恭敬歡喜去還到安養國

前五偈中諸佛告菩薩令覲安養佛正勸令往聞法受行明往所作疾得以下明作利益疾得淨處明前聞法受行之益自於當來得妙淨土名得淨處下之四偈彰前往覲安養之益益有五種第一往彼得神通益初半偈是第二往彼得授記益次半偈是前明彼佛授菩薩記卽其事也第三往彼得不退益次一偈是前言生彼住正定聚卽其事

也。第四往彼起願之益。次一偈是。菩薩興願。是總舉也。下別歎之。別中願己國無異者。求淨土願。願己得土同彌陀佛。名國無異。普度一切化衆生願。名顯十方求佛身願。願得佛時名達十方。第五往彼廣供多佛起行之益。後一偈是。

△自下十偈。釋迦自歎。令人同往。於中三分。初有三偈。舉經難聞歡喜修行。次有四偈。歎彌陀佛授菩薩記。即佛智德殊勝。令人歸趣。後之三偈。以理教勸。

若人無善本。不得聞此經。清淨有戒者。乃獲聞正法。

曾更見世尊。則能信此事。謙敬聞奉行。踊躍大歡喜。
憍慢弊懈怠。難以信此法。宿世見諸佛。樂聽如是教。
前三偈中。初有半偈。舉無善人不聞此經。彰經深重。次有偈半。舉有善人方乃得聞。顯經微妙。於中光明有善之人。方聞此經。曾更見下。明見佛者方乃信敬。歡喜奉行。次有半偈。舉有惡人不信此法。彰經深重。下之半偈。舉有善者樂聞是教。顯經微妙。舉惡不聞。令人捨遠。舉善得聞。使人慕修。又此文中。彰經深重。去人輕謗。顯經微妙。生人信敬。
聲聞或菩薩。莫能究聖心。譬如從生盲。欲行開導人。

如來智慧海。深廣無涯底。二乘非所測。唯佛獨明了。
假使一切人。具足皆得道。淨慧知本空。億劫思佛智。
窮力極講說。盡壽猶不知。佛慧無邊際。如是致清淨。

此之四偈。歎彌陀佛智德殊勝。令人歸趣。於中初有七句之文。明諸聲聞菩薩不測。初法次喻後合。可知。次有一句。明佛獨了。次有六句。明一切人悉得聖道。共思不知。假使一切人之多也。具皆得道。行德勝也。淨慧達本空。解深也。億劫思佛觀之久也。窮力講說。言之極也。雖復如此。盡壽不知。下有半偈。結歎顯勝。佛慧無邊。歎佛智廣。如是致淨。歎佛德淨。致謂至也。窮至清淨法性涅槃。故難測知。
壽命甚難得。佛世亦難值。人有信慧難。若聞精進求。
聞法能不忘。見敬得大慶。則我善親友。是故當發意。
設滿世界火。必過要聞法。會當成佛道。廣濟生死流。
此之三偈。以理敎勸。於中初偈舉彼三難勸人勤求。壽命難得。是初難也。佛世難值。第二難也。有信慧難。第三難也。此三種難。今已得之。故聞此經應當勤求。次第二偈舉彼見聞能獲大益勸人發心。聞不忘者。彌陀佛所聞法不忘。言見敬者。見彌陀佛心生重敬。得大慶者。明前聞法見佛恭敬得善利也。得善可喜名得大慶。則我善友爲佛攝也。行順釋迦名我善友。是故當發結勸發心。末後一偈。教令定去。設滿世界火。必過要聞法。決意定去。會當成佛廣濟生死。明去所爲。會當成佛。求自利果。廣濟生死。求利他果。

佛說無量壽經義疏卷四

佛說無量壽經義疏卷五

曹魏天竺三藏康僧鎧譯經

隋京師浄影寺沙門慧遠撰疏

△自下第三重攝下人同生彼國。於中有三。第一廣舉無量壽國勝妙之事。令人願求。二從世人薄俗已下。明娑婆界穢惡充滿。使人厭捨。三從禮無量壽佛下。就彌陀國辨得彰失。令人修捨。

△初中有二。第一廣舉無量壽國勝樂之事。二佛告彌勒諸天人下。勸人往生。前中有八。一彰彼國壽命長遠。二彰彼眾光明殊妙。三彰彼眾身相具足。

四彰彼衆智德殊勝。五彰彼生永離惡趣。六彰彼土興供養多。七彰彼生聞法不絕。八彰彼菩薩行德圓備。

佛告阿難。彼國菩薩。皆當究竟一生補處。除其本願爲衆生故。以弘誓功德而自莊嚴。普欲度脫一切衆生。

就初段中。彰彼菩薩皆當究竟一生補處。明壽長遠。無有中夭。除願爲物。餘國受身。

阿難。彼佛國中諸聲聞衆身光一尋。菩薩光明照百由旬。有二菩薩最尊第一。威神光明普照三千大千世界。阿難白佛。彼二菩薩其號云何。佛言。一名觀世音。二名大勢至。是二菩薩於此國土修菩薩行。命終轉化生彼佛國。

第二段中。初彰彼國諸聲聞人身光一尋。次彰彼國餘菩薩光照百由旬。其一由旬。有四十里。照百由旬。合四千里。三明觀音及大勢至光徧三千大千世界。於中初辨其光。阿難白佛下。辨其名諱。是二菩薩於此國下。彰此生彼。

阿難。其有眾生生彼國者。皆悉具足三十二相。

第三段中。彰彼眾生身相具足。三十二相。如經廣辨。

智慧成滿深入諸法。究暢要妙。神通無礙。諸根明利。其鈍根者成就二忍。其利根者得阿僧祇無生法忍。

第四段中、彰彼眾生智德殊勝。句別有四。一智慧成滿。深入諸法、證會法性。究暢要妙、窮達教詮。二神通無礙。三諸根明利、四得忍不同。其鈍根者成就二忍。謂音響忍及柔順忍。其利根者乃至成佛得阿僧、祇無生法忍。

又彼菩薩。乃至成佛、不更惡趣。神通自在、常識宿命。除生他方五濁惡世、示現同彼。如我國也。

第五段中彰彼生者永離惡趣。於中初明彼國生者。乃至成佛。不更惡趣。神通自在。常識宿命。後除爲物他方現生。釋迦自說如我國中諸菩薩也。

佛語阿難。彼國菩薩承佛威神。一食之頃。往詣十方無量世界。恭敬供養諸佛世尊。隨心所念華香妓樂繒蓋幢旛無數無量供養之具。自然化生應念即至。珍妙殊特非世所有。轉以奉散諸佛菩薩聲聞大衆。在虛空中化成華蓋。光色昱爍香氣普熏。其華周圓四百里者。如是轉倍乃覆三千大千世界。隨其前後。以次化沒。其諸菩薩僉然欣悅。於虛空中共奏天樂以微妙音歌歎佛德。聽受經法。歡喜無量。供養佛已。
未食之前。忽然輕舉。還其本國。

第六段中。彰彼生者能興廣供。於中初明往十方界。廣供多佛。次從受法。後明供已未食之頃還歸本國。前中四句。一彰彼國諸菩薩等。於一食頃往十方界。徧供諸佛。二隨心下。明諸供具隨心化現。三在虛空下。明於空中化成華蓋。四其諸菩薩下。明諸菩薩共奏天樂歌歎佛德。僉謂皆也。眾皆喜躍。名僉欣悅。後供佛已未食之前還歸本國。

佛語阿難。無量壽佛。為諸聲聞菩薩大眾頒宣法時。

都悉集會七寶講堂。廣宣道教。演暢妙法。莫不歡喜心解得道。卽時四方自然風起。吹七寶樹出五音聲。無量妙華隨風四散。自然供養如是不絕。一切諸天。皆賫天上百千華香萬種伎樂。供養其佛及諸菩薩聲聞之衆。普散華香奏諸音樂。前後來往。更相開避。當斯之時。熙怡快樂。不可勝言。

第七段中。彰彼生者聞法不絕。於中初明說法之時。衆集講堂。如來爲說。莫不已下。明說利益。心解得道。卽時已下。設供奉佛。於中初先風搖樹音。次吹妙華。後諸天等持華香樂供養奉獻。娛樂無極。

△自下第八。彰彼菩薩行德圓備。於中初別。後總結之。別中有七。一行修離過。二具足下。成德圓備。三等觀三界空無有下。行修具足。四究竟一乘下。成德殊勝。五摧滅嫉下。行修增進。六因力下。諸力具足。七身色相好功德已下。通就諸德總歎顯勝。

佛語阿難。生彼佛國諸菩薩等。所可講說常宣正法。隨順智慧無違無失。於其國土所有萬物無我所心。無染著心。去來進止情無所係。隨意自在無所適莫。無彼無我。無競無訟。於諸眾生得大慈悲饒益之心。柔軟調伏。無忿恨心。離蓋清淨。無厭怠心。等心。勝心。

深心定心愛法樂法喜法之心。滅諸煩惱離惡趣心。究竟一切菩薩所行。

初中先別後總結之。別中初言所可講說常宣正等化行離過。於其國下。自行無失。於中初先明攝對治。滅煩惱下。明離諸過。前攝治中。明修六度而爲對治。初修捨行。捨猶檀矣。於其國土所有萬物無我所心。明其離見。無染著心。彰其離愛。除捨此二名。爲捨行。次修戒行。去來進止。情無所係隨意自在。明離身過。無所適莫無彼無我。明離意過。於衆生所。無適適之親。無莫莫之疏。名無適莫。無競無諍明離口過。次修忍行。於諸衆生得大慈悲饒益之心柔輭調伏。正明能忍。無忿恨等。離於忍障。次修精進。求善不息。名無厭怠。諸行齊修。故曰等心。所修務上。名爲勝心。求心殷重。故曰深心。次修禪行。遠離亂意。故曰定心。下修慧行。得法愛著。名爲愛法。此據終也。聞時耳樂。名爲樂法。此據次也。求時心喜。名爲喜法。此據始也。上來修治。下明離過。滅諸煩惱。離煩惱也。離惡趣心。除惡業也。上來別竟。究竟一切菩薩所行。總以結之。上來第一行修離過。

具足成就無量功德。得深禪定諸通明慧。遊志七覺。修心佛法。肉眼淸徹靡不分了。天眼通達無量無限。法眼觀察究竟諸道。慧眼見眞能度彼岸。佛眼具足覺了法性。以無礙智爲人演說。

第二成德圓備。具無量德。總以標舉。下別顯之。別中初明自利功德。以無礙下明利他德。前自利中。得深禪定諸通明慧。遊志七覺自分功德。禪謂四禪。定者所謂四空定等。諸通六通。明謂三明。宿命天眼及漏盡。慧謂三慧。聞思修等。言七覺者。念慧精進輕安喜定捨。是其七也。修心已下。勝進功德。

修心佛法。上求佛德。肉眼已下。成就功德無量。且舉五眼之義。廣如別章。此應具論。今且釋文。肉眼清徹靡不分了。肉眼勝也。形膚曰肉。淨肉之根能有照矚。目之爲眼。於彼國中。報得肉眼徹見無數世界之事。名爲清徹。所見明審。故無不了。斯乃照矚現在色像。名爲肉眼。天眼通達無量無限。天眼勝也。一切禪定。名爲天。住依禪得眼。故名天眼。能見衆生死此生彼。所見寬多。故曰無量。所見長遠故曰無限。法眼觀察究竟諸道。法眼勝也。智能照法。故名法眼。能見一切衆生根欲性心。辨知一切化衆生法。所知窮極名爲究竟。了知三乘道法差別名究竟諸道。慧眼見眞能度彼岸。慧眼勝也。照空實慧見理名眼。能見眞空。故名見眞。除捨有相。達到平等無相彼岸名度彼岸。佛眼具足覺了法性佛眼勝也。前四。是別。佛眼是總。見境周盡故云具足。又復佛眼能見眞實如來藏中不空實性名了法性。上來自德。以無礙智爲人演說是利他德

此第二竟。

等觀三界空無所有。志求佛法。具諸辯才。除滅衆生煩惱之患。從如來生。解法如如善知習滅音聲方便。

不欣世語。樂在正論。修諸善本。志崇佛道。知一切法皆悉寂滅。生身煩惱二餘具盡。聞甚深法。心不疑懼。常能修行。其大悲者。深遠微妙。靡不覆載。

第三明修具足。於中兩對自利利他。初對修始後對修終。從初乃至除滅煩惱。悉是初對也。從如來下是後對也。前中初言等觀三界空無所有。志求佛法。是其自利。等觀三界空無所有。離生死行。志求佛法。趣菩提行。具諸辯下。明其利他。具諸辯才。明化他德。除滅衆生煩惱之患。明化他益。就後對中。初明自利。其大悲下。明其利他。就自利中。文別有四。一自分之解。二修諸善下自分之行。三聞甚深下勝進之解。四常能修下勝進之行。自分解中。從如來生解法如如。是其理解。解由如來教化出生。是故說之從如來生。空同曰如。解知一切萬法皆如。名解如如。善知習等。是其教解。習善之教。名習音聲。滅惡之教。名滅音聲。菩薩於此悉能善解。故名善知。於中巧知。故曰方便。由於聖教能善知故。不欣世語樂在正論。自分行中修諸善本志崇佛道趣菩提行。知一切法皆悉寂滅生身煩惱二餘俱盡滅生死行。知一切法皆悉寂滅觀空修治。

生身煩惱二餘俱盡治成離障。生身苦報。煩惱惑因。此二殘餘皆悉滅盡。勝進解中、間甚深法不疑懼者。於深能解。所以不疑。於深能入。爲是不懼。勝進行中、常能修者。於佛深法行不息也。上來自利。下明利他。其大悲者、總以標舉。下別顯之。深遠微妙悲心深也。靡不覆載。悲物廣也。此第三竟。

究竟一乘、至於彼岸。決斷疑網、慧由心出。於佛教法。該羅無外、智慧如大海。三昧如山王、慧光明淨、超踰日月。淸白之法、具足圓滿、猶如雪山。照諸功德等一淨故。猶如大地淨穢好惡無異心故。猶如淨水洗除塵勞諸垢染故。猶如火王燒滅一切煩惱薪故。猶如大風行諸世界無障礙故。猶如虛空於一切有無所著故。猶如蓮華於諸世間無染汙故。猶如大乘運載羣萠出生死故。猶如重雲震大法雷覺未覺故。猶如大雨雨甘露法潤衆生故。如金剛山衆魔外道不能動故。如梵天王於諸善法最上首故。如尼拘類樹普覆一切故。如優曇鉢華希有難遇故。如金翅鳥威伏外道故。如衆遊禽無所藏積故。猶如牛王無能勝故。猶如象王善調伏故。如師子王無所畏故。曠若虛空大慈等故。

第四成德殊勝。於中初先明自利德。如大乘下明利他德。就自德中。初攝善勝。照功德下明離過勝。攝善勝中。究竟一乘菩提德滿。乘是行用。行能運通。故名爲乘。隨化多乘。就實不殊。是以言一。一義不同。汎解有四。一箇別名一。如來於彼三藏敎中。隨化分三。求聲聞者爲說四諦。求緣覺者爲說因緣。求大乘者爲說六度。宣說菩薩三阿僧祇修行有漏六波羅蜜。於最後生一身之中斷結成佛。箇別彼三。是以言一。二破別名一。如來隨化宣說三乘。世人定執以爲眞實。破別彼三。是以言一。故經說言唯一是實餘悉非眞猶如化城非眞息處三會別名一如來根本分一爲三會之歸本是以言一如勝鬘說四無別名一就實論實由來無別故名爲一於此一乘窮名究竟至於彼岸涅槃果極此二一對決斷疑網慧由心出是其證知除妄顯眞名斷疑網眞解發中名慧心出於佛敎法該羅無外是其敎知窮解無餘名該無外此證與敎其爲一對智慧如海明慧深廣三昧如山彰定高勝慧光明淨超踰日月彰其慧明淸白之法具足圓滿猶如雪山顯其定淨此定與慧復爲一對上來

攝善下。顯離過。照諸功德等一淨者是其法說。諸德皆淨名等一淨下。以喻顯。喻別有六。文喻可知。上來自利下。明利他。有十三句。皆約喻顯。猶如大乘載羣萠者名世大車。以爲大乘。彼諸菩薩利他之德如世大車。名爲大乘運載羣萠出生死矣。餘皆可知。此第四竟。

摧滅嫉心不忌勝故。專樂求法心無厭足。常欲廣說志無疲倦。擊法鼓。建法幢。曜慧日。除癡闇。修六和敬常行法施。志勇精進。心不退弱。爲世燈明。最勝福田。常爲師導。等無憎愛。唯樂正道。無餘欣慼。拔諸欲刺。

以安羣生。功慧殊勝莫不尊敬。滅三垢障。遊諸神通第五行修增進。於中五對。皆初利他後明自利。五對何別。前二自分。後三勝進。就自分中初之一對。起修方便。摧滅嫉心。不忌勝故。利他方便。心有嫉忌。不能利他。故須除滅。專樂求法。心無厭足。自利方便。後對正修。常欲廣說志無疲等。正明利他。常欲廣說志無疲惓。起說心勝。擊法鼓等。所說法勝。言擊法鼓。喻闡慧法。教聲遠被。名擊法鼓。建法幢者。喻思慧法。立義稱建。義出名幢。言曜慧日除癡闇者。說修慧法開衆生也。修六和敬。正明自利行成同他。情無乖異名六和敬。身口意同是其三和。同戒同施及與同見是其六和。此六和同。便相親敬名六和敬。下勝進中。初對修始。第二修次。第三修成。就初對中。常行法施利他始也。志勇精進心不退弱。自行始也。第二對中。爲世燈明最勝田等。利他次也。爲世燈明最勝福田。明化德勝。自具智慧能生物解名世燈明。自具功德能生物善。名勝福田。常爲導師等無憎愛。明化益勝。以慧開人名爲導師。福善濟潤。故無增愛。唯樂正道無餘欣慼。自行次也。樂道修善無餘離過。第三對中拔欲刺

等利他成也。拔諸欲刺以安羣生化人離過。功慧
殊勝莫不尊敬化人從善。滅三垢等自行成也。滅
三垢障成就斷德、貪瞋癡等是三垢障。遊諸神通
成就行德。此第五竟。

因力。緣力。意力。願力。方便之力。常力。善力。定力。慧力。
多聞之力。施戒忍辱精進禪定智慧之力。正念正觀
諸通明力。如法調伏諸衆生力。如是等力。一切具足。
第六諸力具足。初別後結。別中初明自力具足。如
法調下。化他力足。自中相從以爲七門。因力緣力
爲第一門。起修所依。過去所修一切善行能生今

善名爲因力。近善知識聽聞正法名爲緣力。意力願力爲第二門。起修方便求佛之心名爲意力。起行之願名爲願力。方便之力常力善力爲第三門。起行正修。依法巧修名方便力。依法恆修名爲常力。依法正修名爲善力。定力慧力爲第四門。修心成就。修止成就名爲定力。修觀成就名爲慧力。此前四門約修分別。多聞之力爲第五門。起行之解。施戒忍進定慧之力爲第六門。明所起行。行謂六度。此之兩門就行分別。正念正觀諸通明力爲第七門。依行成德。捨相入實名爲正念。離癡見法說爲正觀。依此二種成就六通及得三明。名通明力。
此後一門就德分別。上來自利。如法成就諸衆生
力。明其利他。上來別竟。如是等力一切具足總以
結之。此第六竟。
身色相好。功德辯才具足莊嚴無與等者。恭敬供養
無量諸佛。常爲諸佛所共稱歎。究竟菩薩諸波羅蜜。
修空無相無願三昧。不生不滅諸三昧門遠離聲聞
緣覺之地。
第七通就諸德總歎顯勝。於中有四。一自德殊勝。
二爲佛其歎。三究竟大乘。四超出小乘。初中身色

相好功德辯才具足無與等者。自分所成。身色相好無與等者。明其身勝。功德辯才無與等者。明其德勝。言具足者。明德具足。言莊嚴者。明身莊嚴。恭敬供養無量諸佛。勝進所起。第二佛歎。相顯可知。第三段中。究竟菩薩諸波羅蜜。教行成滿。修空無相無願三昧。不生滅等。證行成滿。第四段中。超出二乘。文顯可知。上來別歎。

阿難。彼諸菩薩成就如是無量功德。我但為汝略言之耳。若廣說者。百千萬劫不能窮盡。

總以結歎。

上來八段合爲第一舉彌陀國勝樂之事。

佛告彌勒菩薩諸天人等。無量壽國。聲聞菩薩功德智慧。不可稱說。又其國土微妙安樂淸淨若此。何不力爲善。念道之自然。著於無上下。洞達無邊際。宜各勤精進努力自求之。必得超絕去。往生安養國。橫截五惡趣。惡趣自然閉。昇道無窮極。易往而無人。其國不逆違。自然之所牽。何不棄世事。勤行求道德。可獲極長生。壽樂無有極。

第二勸人往生。佛告彌勒。告其所對。諸天人等。舉其所爲。無量壽國聲聞菩薩功德智慧。不可稱等。

牒上所辨。聲聞菩薩功德智慧不可稱說。牒前文中所辨之人。又其國土微妙安樂清淨若此。牒前文中所辨之土。何不力下。正勸往生。於中有三。一正勸往生。二易往下。如來傷歎。三何不棄下。重勸往生。前正勸中。何不力爲善。正勸修因。何不力勵爲善求生。名力爲善。念道已下。明修利益。念道之者自然往生。名念自然。但能念道。行德顯著。不簡上下同得往生。故言著於無上下也。若得生彼。神通洞達。無有邊際。故云洞達無邊際耳。宜各精進努力求之。重勸修因。必得超下。重明修益。必得超

絕明其所出。往生安養。彰其所至。橫截五惡惡趣

自閉。明其所離。三途人天。是其五趣。於此分別。下

三惡道名為惡趣。人天二道名為善趣。今此約對

彌陀淨刹。娑婆五道。齊名惡趣。地獄餓鬼畜生是

其純惡所向。名為惡趣。娑婆人天。雜惡所向。亦名

惡趣。若依此方修習斷除。先斷見惑。離三途因。滅

三途果。後斷修惑。離人天因。絕人天果。漸除不名

橫截。若得往生彌陀淨土。娑婆五道一時頓捨。故

名橫截。截五惡趣。截其果也。惡趣自閉。閉其因也。

此明所離。昇道無極。彰其所得。得道深廣。故無無窮

極。上來第一正勸往生。自下第二如來傷歎。欲使世人力勵往生。初言易往而無人者。正爲傷歎。修因即去。名爲易往。無人修因往生者尠。故曰無人。其國不逆違。彰前易往。自然所牽。顯前無人。娑婆衆生。久習蓋纏。自然爲之牽縛不去。故彼無人。自下第三重勸往生。何不棄世事。勤求道德。勸其修因。可獲長生壽樂無極。明修得果。

上來第一舉彌陀國勝樂之事。令人願求。

△自下第二彰娑婆界穢惡充滿。令人厭捨。於中有四。一舉三毒煩惱之過。二勸人修捨。三舉五惡五

痛五燒業苦之過。四勸人修捨。

△就初段中。先明貪過。世間人民父子已下。明其瞋過。如是世人不信已下。明其癡過。

然世人薄俗。共諍不急之事。於此劇惡極苦之中。勤身營務。以自給濟。無尊無卑。無貧無富。少長男女。共憂錢財。有無同然。憂思適等。屏營愁苦。累念積慮。爲心走使。無有安時。有田憂田。有宅憂宅。牛馬六畜。奴婢錢財。衣食什物。復共憂之。重思累息。憂念愁怖。橫爲非常水火盜賊怨家債主。焚漂劫奪。消散磨滅。憂毒忪忪。無有解時。結憤心中。不離憂惱。心堅意固。適無縱捨。或坐摧碎身亡命終。棄捐之去莫誰隨者。尊貴豪富亦有斯患。憂懼萬端勤苦若此。結衆寒熱與痛共俱。貧窮下劣困乏之常無。無田亦憂欲有田。無宅亦憂欲有宅。無牛馬六畜奴婢錢財衣食什物亦憂欲有之。適有一復少一。有是少是。思有齊等。適欲具有便復糜散。如是憂苦。當復求索。不能時得。思想無益。身心俱勞。坐起不安。憂念相隨。勤苦若此。亦結衆寒熱與痛共俱。或時坐之終身夭命。不肯爲善行道進德。壽終身死。當獨遠去。有所趣向善惡之道莫能知者。

貪中有三。一通就世人以明貪過。二尊貴下。偏就富貴以明貪過。三貧窮下。偏就貧賤以明貪過。就初段中。世人薄俗諍不急事。明其有惡。謂此世人薄於風俗。共諍世間不急之事。於此劇下。彰其有苦。苦中有三。一求財苦。二有田下。明守護苦。三橫爲下。明散失苦。初求苦中。於此劇苦勤身營務以自給濟。爲身故求。無尊卑等。爲他故求。無尊無卑無貧無富。擧能求人少長男等。擧其所爲。下明有苦。共憂財等。明心苦也。爲心走等。明身苦也。守護苦中。有田憂田。有宅憂宅。如是等事。別明其苦。重思下結。散失苦中。橫爲非常水火盜等。明失財苦。或坐摧等。明失身苦。次就富貴以明貪過。文顯可知。下就貧賤明貪過中。文別有三。一求財苦。二或時坐　明失身苦。三不肯下。明未來苦。求財苦中。文別有五。一今無事中憂之生苦。二適有一下。少有事中明不足苦。三適欲具下。已得事中明散失苦。四當復求下。明進求時有不得苦。五亦結衆下。明追求時寒熱等苦。此五合爲求財苦也。失身之苦及未來苦文顯可知。

世間人民父子兄弟夫婦家室中外親屬。當相敬愛。

無相憎嫉。有無相通。無得貪惜。言色常和。莫相違戾。或時心諍。有所恚怒。今世恨意。微相憎嫉。後世轉劇至成大怨。所以者何。世間之事。更相患害。雖不卽時應急相破。然含毒畜怒。結憤精神。自然剋識。不得相離。皆當對生。更相報復。人在世間愛欲之中。獨生獨死。獨去獨來。當行至趣。苦樂之地。身自當之。無有代者。善惡變化。殃福異處。宿豫嚴待。當獨趣入。遠到他所。莫能見者。善惡自然。追行所生。窈窈冥冥。別離久長。道路不同。會見無期。甚難甚難。復得相值。何不棄衆事。各遇强健時。努力勤修善。精進願度世。可得極長生。如何不求道。安所須待。欲何樂乎。

明瞋過中。文別有三。一以理教勸。當相親愛無相憎嫉。有無相通。不得貪惜。言色常和。莫相違戾。二或心諍下。廣明瞋過。三何不棄下。勸修捨離。第二過中。別有三種。一明未來怨害之過。二人在世下。明有未來惡道之過。三所生窈窈冥冥已下。明別離難聚之過。第三段中。勸捨可知。

如是世人。不信作善得善。爲道得道。不信人死更生。惠施得福。善惡之事。都不信之。謂之不然。終無有是。但坐此故。且自見之。更相瞻視。先後同然。轉相承受父餘教令。先人祖父素不爲善。不識道德。身愚神闇。
心塞意閉。死生之趣。善惡之道。自不能見。無有語者。
吉凶禍福競各作之。無一怪也。生死常道轉相嗣立。
或父哭子。或子哭父。兄弟夫婦更相哭泣。顚倒上下。
無常根本。皆當過去。不可常保。教語開導。信之者少。
是以生死流轉。無有休止。如此之人。曚冥抵突。不信
經法。心無遠慮。各欲快意。癡惑於愛欲。不達於道德。
迷沒於瞋怒。貪狠於財色。坐之不得道。當更惡趣苦。
生死無窮已。哀哉甚可傷。或時室家父子兄弟夫婦
一死一生。更相哀愍。恩愛思慕。憂念結縛。心意痛著

迭相顧戀窮日卒歲無有解已教語道德心不開思想恩好不離情欲昏蒙闇塞愚惑所覆不能深思熟計心自端正專精行道決斷世事便旋至竟年壽終盡不能得道無可奈何總猥憒擾皆貪愛欲惑道者衆悟之者寡世間怱怱無可聊賴尊卑上下貧富貴賤勤苦怱務各懷殺毒惡氣窈冥爲妄興事違逆天地不從人心自然非惡先隨與之恣聽所爲待其罪極其壽未盡便頓奪之下入惡道累世勤苦展轉其中數千億劫無有出期痛不可言甚可哀愍

明癡過中文別有二一明有癡二生死常道轉相

嗣下明其癡過。前中有二。一明癡人自無正信二更相瞻下專受他語。自無信中初先別論。但坐是下總結顯過。坐不信故。專執自見是其過也。受他語中更相瞻視。先後同然效習他人。轉相承下。承習父祖。於中初言轉相承受父餘教令。明子無知受父邪言。先人祖下。舉父癡頑成子無知。於中四句。初言祖父素不爲善。明其無行。二不識道德。彰其無解。三身愚神闇心塞意閉生死善惡自不能見無有語者。重明無解。前句無解不識出道。此句無解。不知世間善惡因果。生死之趣不能自見。不識果也。善惡之道不能自見。不知因也。於因於果自心不識。他無語者。故永不解。四吉凶禍福。競各作之無一怪者。重明無行。前句無行。彰不作善。此句無行。明其造惡。自已爲惡。他無語者。故永不離。上來一段。明其有癡。下明癡過。於中有四。一由癡故父子相哭。二如此人下。明由癡故造惡受苦。三或室家下。明由癡故親戚相憶。四總猥下。明由癡故造惡受苦。初中先明父子相哭。教語已下。明難開曉。是以生死流轉無已。爲之輪轉。第二段中。句別有五。一明此癡人。矇冥抵突。不信經法。各用快意二惑於愛欲。不達道德。三迷於瞋怒貪狠財色。四坐前三種。不得正道。多受諸苦。當更惡趣。明有重苦。生死無窮。明有深苦。五哀哉下。如來傷歎。令人厭捨。第三段中。句別有三。一由癡故親戚相憶不可開解。二思想下。明由相憶不能修善。三便旋下。由不修善不能得道。第四段中。句別有四。一癡故起貪追求世事。總猥憒擾。貪欲愛等。二各懷殺下。癡故起瞋。共相殘害。各懷殺毒惡氣窈冥爲妄事等。三自然下。明由前惡受苦難出。造罪之人。宿罪之力自然招集非法惡緣。隨而與之恣其作罪。

待其罪極。頓奪令盡。將入惡道。受苦無極。四痛不可下。如來傷歎。令人生厭。○上來廣舉三毒之過。

△自下第二勸人修捨。於中有四。一正勸修捨。二彌勒領解。三重勸修捨。四彌勒領行。

佛告彌勒菩薩諸天人等。我今語汝世間之事。人用是故坐不得道。當熟思計。遠離眾惡。擇其善者勤而行之。愛欲榮華不可常保。皆當別離。無可樂者。遇佛在世。當勤精進。其有至願生安樂國者。可得智慧明達。功德殊勝。勿得隨心所欲。虧負經戒。在人後也。儻有疑意。不解經者。可具問佛。當為說之。

初中有二。一勸人修行。二儻有疑下勸人請問勸修有三。一舉前過勸人修斷。佛告彌勒世間之事用是事故坐不得道。舉前過也。世間事者牒舉向前三毒之事。用是以也。坐是由也。世人以是三毒事故由不得道。當熟下勸當熟思計遠離眾惡勸人捨過。謂離向前三毒眾惡。擇善行之勸修對治。二愛欲下舉世五欲無常之過勸人修捨。三遇佛在下舉佛現在勸人勤修。於中初先舉佛現在正勸修行。其有願下彰益勸為。智慧明達得智勝也。功德殊勝得福勝也。勿得已下舉損誡約。上來勸行。勸問可知。

彌勒菩薩長跪白言。佛威神尊重。所說快善。聽佛經語。貫心思之。世人實爾。如佛所言。今佛慈愍。顯示大道。耳目開明。長得度脫。聞佛所說。莫不歡喜。諸天人民蜎動之類。皆蒙慈恩。解脫憂苦。佛語教誡。甚深甚善。智慧明見。八方上下。去來今事。莫不究暢。今我衆等所以蒙得度脫。皆佛前世求道之時。謙苦所致。恩德普覆。福祿巍巍。光明徹照。達空無極。開入泥洹。教授典攬。威制消化。感動十方。無窮無極。佛爲法王。尊超衆聖。普爲一切天人之師。隨心所願。皆令得道。今得值佛復聞無量壽聲。靡不歡喜。心得開明。

第二彌勒領解。於中有二。一正領解。二今得值下。歡喜自慶。前中有四。一歎佛說快。貫心思之世人實爾。成前說快。貫謂通也。通心思之世人實隨三毒之事。坐不得道。名爲實也。二佛言下。領佛慈化。三佛語教下。重歎佛說爲深。深爲善。於中初先歎說深善智慧明等。擧智成說。四今我衆等所以蒙下。重頌佛恩。今我衆等所以蒙得度脫所由。下正出之。由佛前世勤苦修道。今得佛果。化導我等。故得解脫。皆佛前世求道之時謙苦所致。擧佛因也。恩德普等彰佛果也恩德普覆總舉佛德福祿巍等別以顯之佛爲法王尊超聖等總以結歎別中初言福祿巍巍光明徹照自福殊勝達空無極自智殊勝開入泥洹教授典攬以智化益開入泥洹化人證滅教授典攬教人趨道道法訓世名爲教授以此經典要攬衆義令其習學故曰典攬威制消等以福化益剛强衆生威德制御令其消伏歸從聖化是故名爲威制消化善輭衆生慈力攝取名感十方有緣斯攝名無窮極結歎可知上來領解今得值佛聞無量壽靡不歡喜心得開明歡喜自

慶。此第二段彌勒領解。

△自下第三重勸修捨。於中有四。一歎前彌勒領荷佛恩。二彌勒當知汝從無數劫來已下。慶前彌勒值佛聞法。并得聞於無量壽名。三汝今亦可自厭已下。正勸修行。四汝等宜各精進已下。勸捨疑惑。

佛告彌勒。汝言是也。若有慈敬於佛者。實為大善。天下久久。乃復有佛。今我於此世作佛。演說經法。宣布道教。斷諸疑網。拔愛欲之本。杜眾惡之源。遊步三界。無所拘礙。典攬智慧眾道之要。執持綱維。昭然分明。開示五趣。度未度者。決正生死泥洹之道。

初中佛告汝言是也印其前言。彌勒向前歎佛說快甚深甚善。此言當理。故曰是也。若有慈下。歎前彌勒領荷佛恩。彌勒向者憐佛前世勤苦爲物志求佛道名爲慈佛。敬荷佛恩名爲敬佛。此實大善。天下久久乃有佛下。舉佛化益。述前所說天下久久乃復有佛。彰佛難值。今我已下。明已化益。於中有四。一彰已作佛。以法化世。二斷諸下。由佛現化。教諸衆生斷生死因。斷諸疑網。拔愛欲本。令離煩惱。杜衆惡源。令離惡業。杜猶塞也。惡業是其惡道家本。名衆惡源。教令斷塞。目之爲杜。三遊步下。彰己作佛。以法化世。遊步三界。無所拘礙。身業化也。
身化自在。故無拘礙。典攬智慧。衆道之要。意業化
也。善解經典。攬知衆義。名典攬智。善知三乘所行
之要。名衆道要。執持綱維。昭然分明。開示五趣。口
業化也。執法持衆。名執綱維。辨正異邪。名照分明。
用化羣品。名開五趣。四度未度下。由佛化世。教諸
衆生出生死果。度未度者。決正生死。令出生死泥
洹之道。使得涅槃。舉此化益。述前彌勒所歎所領。

此初段竟。

彌勒當知。汝從無數劫來。修菩薩行。欲度衆生。其已

久遠從汝得道至於泥洹不可稱數。汝及十方諸天人民一切四眾永劫已來展轉五道憂畏勤苦不可具言乃至今世生死不絕與佛相值聽受經法又復得聞無量壽佛快哉甚善吾助爾喜。

第二慶前彌勒值佛聞法聞無量壽。於中有三。一彰彌勒修來久遠。二乃至下明今值佛聞無量壽。三快哉下如來慶之前中初言汝從無數劫來修行欲度眾生其已久遠修來久也。從汝得道至於泥洹不可稱數聖來遠也。汝及十方諸天人等永劫已來憂畏勤苦不可具言勤苦多也。永猶長也。

藉此多因。今得值佛聞無量壽。是爲可慶。此第二竟。

汝今亦可自厭生死老病痛苦惡露不淨無可樂者。宜自決斷。端身正行。益作諸善。修己潔體。洗除心垢。言行忠信。表裏相應。人能自度。轉相拯濟。精明求願。積累善本。雖一世勤苦須臾之間。後生無量壽國。快樂無極。長與道德合明。永拔生死根本。無復貪恚愚癡苦惱之患。欲壽一劫百劫千億萬劫。自在隨意皆可得之。無爲自然。次於泥洹之道。

第三正勸修行。言對彌勒。意兼一切。於中初先正勸修行雖一世下彰益勸物。前中有三。一勸捨過。二端身下勸修善法。三人能自下勸利衆生。勸捨過中。汝可自厭生老病等勸生厭心。生老病死是其內苦。言痛苦者是其外苦。惡露不淨無可樂者宜自決斷。彰過令捨。勸修善中端身正行是其止善。益作衆善是其作善。修已潔體洗除心垢勸修意行。修已作善餘是止善。言行忠信表裏相應勸修口行。言行忠信是其作善表裏相應是其止善言表心裏語不違心故名相應。勸利他中人能自度。牒前自德轉相拯等。正勸利他。轉相拯濟化人離過。精明求願積累善本。化人成善。精明求願。化起願也。積累善本。化起行也。上來勸修。下擧明益令人修學。雖一世勤苦須臾之間。修時促也。後生已下。得益長也。於中初明得益長遠。無爲自然。次於泥洹。得益殊勝。得益長中。句別有四。初言後生無量壽國快樂無極。受樂長也。第二長與道德合明。成德長也。身與福俱。名道德合。心與智俱。名爲合明。三永拔等。離過長也。於中永拔生死根。大長離業因。無復貪等。長離煩惱。無苦惱患。長離苦報四欲壽等。壽命長也。此第三竟。

汝等宜各精進求心所願。無得疑惑中悔自爲過咎。生彼邊地七寶宮殿。五百歲中受諸厄也。

第四勸捨疑惑。汝等宜各精求所願。勸其專修。無得疑等。勸捨疑惑。生彼邊下。彰過勸捨。○上來第三重勸修捨。

彌勒白言。受佛重誨專精修學。如教奉行不敢有疑。

第四彌勒領行。於中初言受佛重誨專精修學。如教奉行領佛向前勸修之言。彰己奉行。不敢疑者。領佛向前勸捨疑惑。彰己不疑。

佛說無量壽經義疏卷五

佛說無量壽經義疏卷六

曹魏天竺三藏康僧鎧譯經

隋京師淨影寺沙門慧遠撰疏

△自下第三廣舉五惡五痛五燒業苦之過。令人厭捨。於中初總。何等下別。佛告彌勒吾語汝下。重復總辨。

佛告彌勒。汝等能於此世。端心正意不作衆惡甚爲至德。十方世界最無倫匹。所以者何。諸佛國土。天人之類。自然作善。不大爲惡易可開化。今我於此世間作佛。處於五惡五痛五燒之中。爲最劇苦。教化群生。

令捨五惡。令去五痛。令離五燒。降化其意。令持五善。獲其福德度世長壽泥洹之道。

就初總中文別有二。一歎前起後。歎前彌勒領解奉行。二令我下。彰己化意。爲化衆生令離五惡五痛五燒。令持五善獲五福德。前中初言於此惡世。端心正意。不作衆惡。甚爲至德。當相正歎。十方世界最無倫匹。寄對顯勝。所以下釋。先徵後解。諸佛國土自然作善。不大爲惡。易可開化。舉易顯難。成此爲勝。就後段中。我今於此世間作佛。彰己成佛。處於五惡等。顯己化處。令捨五等。明己化意。爲化衆生。令有所出。令有所得。令所出者。出離五惡五痛五燒。五戒所防。殺盜邪婬妄語飮酒。是其五惡。造此五惡。於現世中。主法治罪。身遭厄難。名爲五痛。以此五惡。於未來世。三途受報。說爲五燒。此皆令出。令所得中。降化其意。伏令從法。令持五善。所謂五戒。翻前五惡。獲其福者。由持五戒。於現在世。身安無苦。翻前五痛。度世長壽泥洹道者。後生彌陀。終得涅槃。翻上五燒。

佛言。何等五惡。何等五痛。何等五燒。何等消化五惡。令持五善。獲其福德度世長壽泥洹之道。

第二別中。何等五惡五痛燒等。問前起後。下對辨之。二一一門中。皆初明惡。後翻明善。

其一惡者。諸天人民蠉動之類。欲爲衆惡。莫不皆然。强者伏弱、轉相尅賊、殘害殺戮。迭相吞噬。不知修善。惡逆無道。後受殃罰。自然趣向。神明記識。犯者不赦。故有貧窮下賤。乞丐孤獨。聾盲瘖啞。愚癡弊惡。至有尫狂不逮之屬。又有尊貴豪富。高才明達。皆由宿世慈孝。修善積德所致。世有常道。王法牢獄。不肯畏愼。爲惡入罪。受其殃罰。求望解脫。難得免出。世間有此目前現事。壽終後世。尤深尤劇。入其幽冥。轉生受身。

譬如王法痛苦極刑。故有自然三塗無量苦惱轉貿其身。改形易道。所受壽命。或長或短。魂神精識。自然趣之。當獨值向相從共生。更相報復無有止已。殃惡未盡。不得相離。展轉其中。無有出期。難得解脫。痛不可言。天地之間。自然有是。雖不即時卒暴應至。善惡之道會當歸之。是爲一大惡一痛一燒。勤苦如是。譬如大火焚燒人身。人能於中一心制意。端身正行。獨作諸善。不爲衆惡者。身獨度脫。獲其福德度世上天泥洹之道。是爲一大善也。

就初門中。先明其惡。下翻明善。惡中初言其一惡者總以標舉次辨後結下喻顯過辨中初先明其殺惡世有常道王法已下約殺明痛壽終已下就殺明燒前明惡中諸天人等明造惡人欲爲惡等正明造惡不知修下明造惡過於中初先正明其過又尊貴下舉得顯失痛燒可知是爲下結譬如已下喻顯燒相就明善中先辨後結辨中初言人能於中一心制等正明作善翻對前惡身獨度脫獲其福者翻對前痛翻對前燒是爲下結

佛言其二惡者世間人民父子兄弟室家夫婦都無義理不順法度奢婬憍縱各欲快意任心自恣更相

欺惑心口各異言念無實佞諂不忠巧言諛媚嫉賢
謗善陷入怨枉主上不明任用臣下臣下自在機僞
多端踐度能行知其形勢在位不正爲其所欺妄損
忠良不當天心臣欺其君子欺其父兄弟夫婦中外
知識更相欺誑各懷貪欲瞋恚愚癡欲自厚己欲貪
多有尊卑上下心俱同然破家亡身不顧前後親屬
內外坐之滅族或時室家知識鄉黨市里愚民野人
轉共從事更相剝害忿成怨結富有慳惜不肯施與
愛保貪重心勞身苦如是至竟無所恃怙獨來獨去
無一隨者善惡禍福追命所生或在樂處或入苦毒

然後乃悔。當復何及。世間人民。心愚少智。見善憎謗不思慕及。但欲爲惡。妄作非法。常懷盜心。悕望他利。消散磨盡。而復求索。邪心不正。懼人有色。不豫思計。事至乃悔。今世現有王法牢獄。隨罪趣向。受其殃罰。因其前世不信道德。不修善本。今復爲惡。天神剋識。別其名籍。壽終神逝。下入惡道。故有自然三塗無量苦惱。展轉其中。世世累劫。無有出期。難得解脫。痛不可言。是爲二大惡二痛二燒。勤苦如是。譬如大火焚燒人身。人能於中一心制意。端身正行。獨作諸善。不爲衆惡者。身獨度脫。獲其福德度世上天泥洹之道。

是爲二大善也。

第二門中先惡後善。惡中先舉。次辨。後結。下喻顯之。辨中初惡。今世現有王法已下。第二明痛。因其前世不信已下。第三明燒。惡中還初明造惡人。都無義下。正明造惡。破家已下。明造惡過。正造惡中都無義理。不順法度。明其無無善。奢婬憍等。明其造惡。奢婬憍縱。各欲快意。與盜所爲。任心自恣。更相欺等。正明劫盜。餘文可知。

佛言。其三惡者。世間人民相因寄生。共居天地之間。處年壽命。無能幾何。上有賢明長者尊貴豪富。下有貧窮厮賤尫劣愚夫。中有不善之人。常懷邪惡。但念婬泆。煩滿胷中。愛欲交亂。坐起不安。貪意守惜。但欲唐得。眄睞細色。邪態外逸。自妻厭憎。私妄出入。費損家財。事爲非法。交結聚會。興師相伐。攻劫殺戮。强奪無道。惡心在外。不自修業。盜竊趣得。欲擊成事。恐勢迫脅。歸給妻子。恣心快意。極身作樂。或於親屬。不避尊卑。家室中外。患而苦之。亦復不畏王法禁令。如是之惡。著於人鬼。日月照見。神明記識。故有自然三塗無量苦惱。展轉其中。世世累劫。無有出期。難得解脫痛不可言。是爲三大惡三痛三燒。勤苦如是。譬如大火焚燒人身。人能於中一心制意。端身正行。獨作諸善。不爲衆惡者。身獨度脫。獲其福德度世上天泥洹之道。是爲三大善也。

第三門中。先惡後善。惡中初舉。次辨。後結。下喻顯之。辨中初惡。亦復不畏王法下痛。如是之惡著於下燒。惡中初明造惡之人。常懷邪下。正明造作邪婬之惡。交結聚下。明造惡過。爲婬造作殺盜等事。是其過也。餘文可解。

佛言。其四惡者。世間人民。不念修善。轉相教令。共爲衆惡。兩舌惡口。妄言綺語。讒賊鬭亂。憎嫉善人。敗壞賢明。於傍快喜。不孝二親。輕慢師長。朋友無信。難得誠實。尊貴自大。謂己有道。橫行威勢。侵易於人。不能自知。爲惡無恥。自以强健。欲人敬難。不畏天地神明日月。不肯作善。難可降化。自用偃蹇。謂可常爾。無所憂懼。常懷憍慢。如是衆惡。天神記識。賴其前世頗作福德。小善扶接。營護助之。今世爲惡。福德盡滅。諸善鬼神。各去離之。身獨空立。無所復依。壽命終盡。諸惡所歸。自然迫促。共趣奪之。又其名籍記在神明。殃咎牽引。當往趣向。罪報自然。無從捨離。但得前行。入於火鑊。身心摧碎。精神痛苦。當斯之時。悔復何及。天道冏然不得蹉跌。故有自然三塗無量苦惱。展轉其中。世世累劫。無有出期。難得解脫。痛不可言。是為四大惡四痛四燒。勤苦如是。譬如大火焚燒人身。人能於中一心制意。端身正行。獨作諸善。不為眾惡者。身獨度脫獲其福德度世上天泥洹之道。是為四大善也。

第四門中。先惡後善。惡中初舉。次辨。後結。下以喻顯辨。中初惡。如是眾惡天神記下。是明其痛。壽命終下。是明其燒。惡中初先明造惡人。不念修下。正明造作妄語之惡。口之四過。不應法故。通名妄語。憎嫉善下。明造惡過。痛中明其宿善滅盡。善神捨遠。身無依倚。多遭厄難。是其痛也。燒中明其惡業所牽。鬼神攝錄。將入惡道。受苦燋焚。名之爲燒。餘文可知。

佛言。其五惡者。世間人民徙倚懈惰。不肯作善治身修業。家室眷屬飢寒困苦。父母教誨。瞋目怒應。言令不和違戾反逆。譬如怨家。不如無子。取與無節。衆共患厭負恩違義無有報償之心。貧窮困乏。不能復得。辜較縱奪。放恣遊散。串數唐得用自賑給。耽酒嗜美。飲食無度。肆心蕩逸。魯扈抵突。不識人情強欲抑制。見人有善。妒嫉惡之。無義無禮無所顧錄。自用職當。

不可諫曉六親眷屬所資有無。不能憂念。不惟父母之恩。不存師友之義。心常念惡。口常言惡。身常行惡曾無一善。不信先聖諸佛經法。不信行道可得度世。不信死後神明更生。不信作善得善爲惡得惡。欲殺眞人。鬬亂衆僧。欲害父母兄弟眷屬。六親憎惡。願令其死。如是世人。心意俱然。愚癡蒙昧。而自以智慧。不知生所從來。死所趣向。不仁不順。惡逆天地。而於其中悕望僥倖。欲求長生。會當歸死。慈心教誨。令其念善。開示生死善惡之趣。自然有是。而不信之。苦心與語。無益其人。心中閉塞。意不開解。大命將終。悔懼交至不豫修善臨窮方悔悔之於後將何及乎天地之間五道分明恢廓窈冥浩浩茫茫善惡報應禍福相承身自當之無誰代者數之自然應其所行殃咎追命無得從捨善人行善從樂入樂從明入明惡人行惡從苦入苦從冥入冥誰能知者獨佛知耳教語開示信用者少生死不休惡道不絕如是世人難可具盡故有自然三塗無量苦惱展轉其中世世累劫無有出期難得解脫痛不可言是爲五大惡五痛五燒勤苦如是譬如大火焚燒人身人能於中一心制意端身正念言行相副所作至誠所語如語心口不轉

獨作諸善不爲衆惡者身獨度脫獲其福德度世上天泥洹之道是爲五大善也

第五門中初惡後善惡中初舉次辨後結下喻顯之辨中先惡如是世人心意下痛大命將終悔懼下燒惡中初明造惡之人徙倚懈惰不肯已下正明造作飲酒之惡飲酒之人不修善行不事家業違反教令瞋怒喜鬭背恩忌義欺陵抵拒兼以論之肆心蕩逸魯扈抵下明造惡過過相衆多文中具顯痛中明其現有愚癡闇障覆心無所知曉以之爲痛亦應有其王法治罪文略不說燒等可知

○上來別論。

佛告彌勒。吾語汝等。是世五惡勤苦若此。五痛五燒展轉相生。但作衆惡。不修善本。皆悉自然入諸惡趣。或其今世先被殃病。求死不得。求生不得。罪惡所招。示衆見之。身死隨行。入三惡道。苦毒無量。自相燋然。至其久後。共作怨結。從小微起。遂成大惡。皆由貪著財色。不能施惠。癡欲所迫。隨心思想。煩惱結縛。無有解已。厚己諍利。無所省錄。富貴榮華。當時快意。不能忍辱。不務修善。威勢無幾。隨以磨滅。身坐勞苦。久後大劇。天道施張。自然糺舉。綱紀羅網。上下相應。煢煢忪忪。當入其中。古今有是。痛哉可傷。佛語彌勒。世間如是。佛皆哀之。以威神力摧滅衆惡。悉令就善。棄捐所思。奉持經戒。受行道法。無所違失。終得度世泥洹之道。

此復總辨。於中還初明其五惡。佛語彌勒世間如是佛皆哀下。翻惡明善。惡中初先總明五惡五痛五燒展轉相生。但作已下。別以顯之。別中兩番。初明從惡生痛生燒。身死隨下。明其從燒生惡生痛。前中初言但作衆惡不修善本。明其惡也。皆悉自然入諸惡趣。明起燒也。或其今世先被殃等。明起痛也。後中初言身死隨行入三惡等。是明其燒至其久。下從燒起惡。至其久後共作怨結。從小微起遂成大怨。起殺生惡。皆由貪著不能慧施。起劫盜惡。癡欲所迫隨心思等。起邪婬惡。厚己諍利無所省錄。起妄語惡。富貴榮華當時快意不能忍等。起飲酒惡。此等生惡。身坐已下。從惡起痛。坐前五惡身受勞苦。苦增不息名久大劇。下顯劇相。凡在世間天下道理。自然施立。是故名爲天道施張。造惡必彰。名自糺擧。身當法網。是故名爲綱紀羅網。貴賤上下。莫不從法。是故名爲上下相應。罪者歸之無人伴匹。故云煢忪。當入其中。古今有下。結以顯過。上來明惡。下翻明善。佛語彌勒世間如是牒舉前惡。佛皆哀之。彰已悲憐。以威神下。教滅前惡化令從善。摧滅衆惡。悉令就善。教修世善。棄捐所思奉持經等。教習出善。受道無失。明出世因。終得已下。成出世果。◯上來第三明五惡等業苦之過。

佛言。汝今諸天人民。及後世人。得佛經語。當熟思之。能於其中端心正行。主上爲善。率化其下。轉相勅令。各自端守。尊聖敬善。仁慈博愛。佛語教誨。無敢虧負。當求度世。拔斷生死衆惡之本。永離三塗無量憂畏苦痛之道。汝等於是廣植德本。布恩施惠。勿犯道禁。忍辱精進。一心智慧。轉相教化。為德立善。正心正意。齋戒清淨一日一夜。勝在無量壽國為善百歲。所以者何。彼佛國土。無為自然。皆積眾善。無毛髮之惡。於此修善十日十夜。勝於他方諸佛國中為善千歲。所以者何。他方佛國。為善者多。為惡者少。福德自然。無造惡之地。唯此間多惡。無有自然。勤苦求欲。轉相欺殆。心勞形困。飲苦食毒。如是惡務。未嘗寧息。吾哀汝等天人之類。苦心誨喻。教令修善。隨宜開導。授與經法。莫不承用。在意所願。皆令得道。佛所遊履國邑丘衆靡不蒙化。天下和順。日月清明。風雨以時。災厲不起。國豐民安。兵戈無用。崇德興仁。務修禮讓。佛言。我哀愍汝等諸天人民。甚於父母念子。今我於此世作佛。降化五惡。消除五痛。絕滅五燒。以善攻惡。拔生死之苦。令獲五德。升無爲之安。吾去世後。經道漸滅。人民諂僞。復爲衆惡。五燒五痛。還如前法。久後轉劇。不可悉說。我但爲汝略言之耳。佛語彌勒。汝等各善思之。轉相教誡。如佛經法。無得犯也。於是彌勒菩薩合掌白言。佛所說甚善。世人實爾。如來普慈哀愍。悉令度脫。受佛重誨。不敢違失。

第四勸人修捨。於中有二。一如來勸修。二彌勒領解。前中有三。一以理正勸。二吾哀汝下。舉己現在化益以勸。三吾去世下。舉己滅後衰損以勸。初中有二。一以理正勸。二汝等於是廣植德下。彰此修勝增人舉意。前正勸中。初勸自行。得佛經語。當熟思之端。心正行。主上已下。勸其化他。主上爲善率化下等。化他修善。當求度世拔生死等。化他離惡。彰此勝中。初明此界一日修善。勝無量壽爲善百歲。所以下釋。下明此界修善十日。勝餘佛國爲善千歲。所以下釋。就初段中。汝等於是廣植德本。總以標舉布恩等別別中初舉六波羅蜜是自利行布恩檀度勿犯戒度忍辱忍度精進進度一心禪度智慧慧度轉相教化是利他行爲德立善總以結之此前作善正心正意齋戒清淨是其止善以此修難故於一日勝無量壽爲善百歲就下第二舉已現在化益勸中初明化人修善得樂佛言已下明其化人滅惡離苦就下第三舉已滅後衰損勸中初舉滅後衰損之事語彌勒下勸人修斷上來佛勸自下彌勒領解奉行彌勒白佛所說甚善世人實爾是領解也如來慈等彰己奉行

上來四段。合爲第二廣舉娑婆穢惡之事令人厭捨。

△自下第三就無量壽得失雙辨令人修捨。就中有五。一佛勸阿難禮無量壽。二阿難奉命敬禮彼佛并願求見。三由前啟請無量壽佛放光普照。四因佛光照彼此相見。五因相見具彰彼國得失之事。令人修捨。

佛告阿難。汝起更整衣服。合掌恭敬禮無量壽佛。十方國土諸佛如來。常共稱揚讚歎彼佛無著無礙。

就初段中。初告阿難。令禮彼佛。十方國下。舉佛共歎成其頂禮。

於是阿難起整衣服。正身西向。恭敬合掌。五體投地禮無量壽佛。白言。世尊。願見彼佛安樂國土。及諸菩薩聲聞大衆。

第二段中。初明阿難奉命設禮。白言已下。啟請求見願見彼佛。求見化主。安樂國土。求見其處。及菩薩等。求見彼衆。

說是語已。卽時無量壽佛放大光明。普照一切諸佛世界。金剛圍山。須彌山王。大小諸山。一切所有。皆同一色。譬如劫水彌滿世界。其中萬物沈沒不現。滉瀁浩汗。唯見大水。彼佛光明亦復如是。聲聞菩薩一切光明皆悉隱蔽。唯見佛光明耀顯赫。

第三段中。初先法說佛放光明。普照一切。皆同一色。次以喻顯。下合顯之。

爾時阿難即見無量壽佛威德巍巍。如須彌山王高出一切諸世界上。相好光明靡不照耀。此會四眾。一時悉見彼。見此土亦復如是。

第四段中。初此見彼。後彼見此。此見彼中。初阿難見。後大眾見。

爾時佛告阿難及慈氏菩薩。汝見彼國從地已上至淨居天。其中所有微妙嚴淨自然之物。爲悉見不。阿難對曰。唯然已見。汝寧復聞無量壽佛大音宣布一切世界化衆生不。阿難對曰。唯然已聞。彼國人民乘百千由旬七寶宮殿。無所障礙。徧至十方供養諸佛。汝復見不。對曰。已見。彼國人民有胎生者。汝復見不。對曰。已見。其胎生者所處宮殿。或百由旬。或五百由旬。各於其中受諸快樂。如忉利天上亦皆自然。爾時慈氏菩薩白佛言。世尊。何因何緣彼國人民胎生化生。佛告慈氏。若有衆生以疑惑心修諸功德願生彼國。不了佛智不思議智不可稱智大乘廣智無等無

倫最上勝智、於此諸智、疑惑不信。然猶信罪福修習
善本。願生其國。此諸衆生。生彼宮殿。壽五百歲。常不
見佛。不聞經法。不見菩薩聲聞聖衆。是故於彼國土
謂之胎生。若有衆生。明信佛智。乃至勝智。作諸功德
信心迴向。此諸衆生。於七寶華中。自然化生。跏趺而
坐。須臾之頃。身相光明。智慧功德。如諸菩薩具足成
就。復次慈氏。他方諸大菩薩。發心欲見無量壽佛。恭
敬供養。及諸菩薩聲聞聖衆。彼菩薩等。命終得生無
量壽國。於七寶華中。自然化生。彌勒當知。彼化生者。
智慧勝故。其胎生者。皆無智慧。於五百歲中。常不見

佛。不聞經法。不見菩薩諸聲聞衆。無由供養於佛。不知菩薩法式。不得修習功德。當知此人宿世之時。無有智慧疑惑所致。佛告彌勒。譬如轉輪聖王。別有宮室。七寶莊飾。張設牀帳。懸諸繒蓋。若有諸小王子得罪於王。輒內彼宮中。繫以金鎖。供給飮食衣服牀蓐華香妓樂。如轉輪王無所乏少。於意云何。此諸王子寧樂彼處不。對曰。不也。但種種方便求諸大力。欲自勉出。佛告彌勒。此諸衆生亦復如是。以疑惑佛智故。生彼七寶宮殿。無有刑罰乃至一念惡事。但於五百歲中不見三寶。不得供養修諸善本。以此爲苦。雖有餘樂猶不樂彼處若此眾生識其本罪。深自悔責求離彼處、即得如意、往詣無量壽佛所恭敬供養。亦得徧至無量無數諸如來所。修諸功德、彌勒當知。其有菩薩生疑惑者為失大利。是故應當明信諸佛無上智慧、

第五段中初彰彼得令人願求。後顯彼失使人厭捨。彰彼得中如來三問阿難三答文顯可知。顯彼失中初先彰彼胎生之失。若有眾生識本罪下教人修捨。前明失中文別有四。一彰彼國有胎生果。二慈氏白下辨因顯果。三復慈氏下對勝顯劣。四

如輪王下就之顯過就初段中如來初問彼國人民有胎生者汝復見不阿難次答彰已已見如來下復爲之具辨第二段中初彌勒問何因何緣彼國人民胎生化生正辨胎生約化顯之爲是通問下佛答之於中先明胎生之因若有衆生明信佛下明化生因胎生因中先明其因此諸衆生生彼已下明因得果就明因中若有衆生以疑惑心略明其失修諸功德願生彼國略明其得不了佛下廣明其失於彼佛智疑惑不信是其失也於中初言不了佛智此句是總不思等別佛智淵深餘不

能測。名不思智。佛智眾多。非言能盡。言不可稱。於諸法門。知之窮盡。名為廣智。位分高出。名無等倫最上勝智。於此下結。然猶信下。廣明其德。下得果中。先辨後結。明化生中。先明其因。此諸生下。明因得果。自下第三對勝顯劣。於中先舉化生之勝。後對明其胎生之劣。文顯可知。自下第四明胎生過。約喻顯之。如來初先立喻反問。彌勒次答。不也總答。但種種下。別以顯之。佛告已下。如來為辨。明胎生者無餘苦事。但五百歲不見三寶不得修善用此為苦。以此苦故。雖樂不樂。上來四段。合為第一明胎生失。自下第二敎人修捨。若此衆生識其本罪深自悔責求離彼處正敎修捨。識本疑惑佛智之罪深自悔責卽得已下。明其修得彌勒當知其有已下結勸修學。舉失顯得而爲勸也。

上來第三明攝下人往生彼國。

彌勒菩薩白佛言。世尊。於此世界有幾所不退菩薩。生彼佛國。佛告彌勒。於此世界。有六十七億不退菩薩往生彼國。一一菩薩。已曾供養無數諸佛。次如彌勒者也。諸小行菩薩。及修習少功德者。不可稱計。皆當往生。佛告彌勒。不但我剎諸菩薩等往生彼國。他方佛土亦復如是。其第一佛名曰遠照。彼有百八十億菩薩皆當往生。其第二佛名曰寶藏。彼有九十億菩薩皆當往生。其第三佛名曰無量音。彼有二百二十億菩薩皆當往生。其第四佛名曰甘露味。彼有二百五十億菩薩皆當往生。其第五佛名曰龍勝。彼有十四億菩薩皆當往生。其第六佛名曰勝力。彼有萬四千菩薩皆當往生。其第七佛名曰師子。彼有五百億菩薩皆當往生。其第八佛名曰離垢光。彼有八十億菩薩皆當往生。其第九佛名曰德首。彼有六十億菩薩皆當往生。其第十佛名曰妙德山。彼有六十億菩薩皆當往生。其第十一佛名曰人王彼有十億菩薩皆當往生其第十二佛名曰無上華。彼有無數不可稱計諸菩薩衆皆不退轉。智慧勇猛已曾供養無量諸佛。於七日中。卽能攝取百千億劫大士所修堅固之法。斯等菩薩皆當往生。其第十三佛名曰無畏。彼有七百九十億大菩薩衆。諸小菩薩及比丘等不可稱計。皆當往生。佛語彌勒。不但此十四佛國中諸菩薩等當往生也。十方世界無量佛國。其往生者亦復如是甚多無數。我但說十方諸佛名號及菩薩比丘生彼國者晝夜一劫尚未能盡。我今爲汝略說之耳。

第四重攝上人往生彼國。於中先明此土菩薩往生彼國。彌勒先問。如來後辨。佛告彌勒不但已下。廣明餘國菩薩往生。於中初總。其第一下別以列之。列十三國菩薩往生。通前娑婆別列十四。不但此下。總擧餘國。明皆往生甚多無量。不可具說擧此令人求去專也。◯上來正宗。

△自下流通。於中有四。第一如來歎經勸學。二爾時世尊說此經下。彰說利益諸人悟道。三動地放光。雨華作樂增衆深信。四明所說利益弘多。大衆同

喜。

△初中有五。一舉聞益勸人受行。二吾今爲諸衆生已下。敎人請決。三當來之世經道滅下。彰此經法濟益之要。獨留百歲。四佛語彌勒下。舉經難聞生人重敬。五是故我法如是作下。結勸修學。

佛告彌勒。其有得聞彼佛名號。歡喜踊躍。乃至一念。當知此人爲得大利。則是具足無上功德。是故彌勒。設有大火充滿三千大千世界。要當過此。聞是經法。歡喜信樂。受持讀誦。如說修行。所以者何。多有菩薩欲聞此經而不能得。若有衆生聞此經者。於無上道終不退轉。是故應當專心信受持誦說行。
初中有二。一舉得聞無量壽名獲利深廣勸學此
經。聞名依經故勸學之。若有衆生聞此經下明聞
此經得益廣大勸人受行。前明聞佛得益之中其
有得聞彼佛名號歡喜踊躍乃至一念爲得大利。
明聞佛名得益多也。是故已下。勸學此經。以此經
中說無量壽聞獲大利故設大火滿三千界亦須
從過聽受此經。況餘小難。所以下釋。多有菩薩欲
聞此經而不能得。故必須聽。後明聞經得益之中。
若聞此經。於無上道終不退轉。舉聞經益。是故應

當專心信等勸人修學。上來第一舉聞利益勸人受行。

吾今為諸衆生說此經法。令見無量壽佛。及其國土一切所有所當為者皆可求之。無得以我滅度之後。復生疑惑。

第二教人請決。吾為衆生說此經法。令見無量壽及其國土一切所有。彰已化意。所當為者皆可求之。正勸請決。無得已下。遮後人疑。

當來之世經道滅盡。我以慈悲哀愍。特留此經。止住百歲。其有衆生值斯經者隨意所願皆可得度。

第三明此經要獨留百歲。當來之世經道滅者。舉彼未來法滅盡事。釋迦正法有五百年。像法千歲。末法萬歲。一切皆過名爲滅盡。我以慈下。明己留意。佛以慈悲憐愍衆生。故法滅後獨留此經百歲濟度。以此經中開示淨土令人求生。故偏留之。大涅槃經顯示佛性。教聖中深。聖人先隱。爲是先滅。此經教人厭苦求樂。濟凡中要。爲是後滅。法隨人別。故滅不同。其有衆生值斯經者所願皆得。明留之益。法滅盡後百年聞者尚得利益往生淨土。況今聞者。何有不生。唯佛留意。明今聞經有求去者定得往生莫自疑慮。

佛語彌勒。如來興世。難值難見。諸佛經道難得難聞菩薩勝法。諸波羅蜜得聞亦難。遇善知識聞法能行此亦爲難。若聞斯經信樂受持。難中之難無過此難。

第四舉經難聞生人重敬。如來興世難值難見。明值佛難。生當佛時。名之爲値。目覩稱見。此皆難也諸佛經道難得聞等。明法難聞。於中先明經教難聞。手得經卷。名之爲得。耳聽曰聞。亦可領誦名之爲得。耳餐稱聞。此等皆難。菩薩勝下。明其行法聞之甚難。遇善知識能行亦難。明修行難。此前汎舉。

若聞斯經信樂受持難中之難。約對前三明此經中修學最難。餘義餘法。處處宣說。開顯淨土教人往生獨此一經爲是最難。

是故我法。如是作。如是說。如是教應當信順。如法修行。

第五結勸修學。言是故者。是此經法有多益故。於中修學最難得故。我今宣說。言我法者。舉此經法。如是作者。此經宣說彌陀如來修願修行得身得土名。如是作。如是說者。如來上來爲衆宣說名如是說。如是教者。如來上來教人往生名。如是教。此舉前法。應當信順如法修行。結勸修學。

上來五段。合爲第一歎經勸學。

爾時世尊說此經法。無量衆生皆發無上正覺之心。萬二千那由他人。得淸淨法眼。二十二億諸天人民。得阿那那含果。八十萬比丘。漏盡意解。四十億菩薩得不退轉。以弘誓功德而自莊嚴。於將來世當成正覺

第二段中。明說利益。無量衆生發正覺心起願益也。聞彌陀佛發願修行得佛淨土攝化衆生。願與同之名正覺心。下明得道。先小後大。小乘衆生。聞說娑婆穢惡可厭。深心厭離。故得小果。於中初言

得淨法眼。次得那舍。後得羅漢。大乘衆生聞彌陀佛成德廣度。堅心願求。故得不退。聞此多益。誓欲濟度。名誓自莊。由斯剋果。故於將來當成正覺。

爾時三千大千世界六種震動。大光普照十方國土。百千音樂自然而作。無量妙華芬芬而降。

第三段中。如來化周。爲增物敬。故以神力動地放光作樂雨華。六動如上。

佛說經已。彌勒菩薩及十方來諸菩薩衆。長老阿難。諸大聲聞。一切大衆。靡不歡喜。

第四段中。明說廣益。敎愜羣機。大衆同喜。

佛說無量壽經義疏卷六

國家圖書館出版品預行編目資料

佛說無量壽經義疏／（淨影寺）慧遠大師撰述. -- 初版. -- 新北市：華夏出版有限公司, 2024.01
面； 公分. --（圓明書房；033）
ISBN 978-626-7296-72-1（平裝）
1.CST：方等部

221.34 112012545

圓明書房 033
佛說無量壽經義疏

撰　述　（淨影寺）慧遠大師
出　版　華夏出版有限公司
220 新北市板橋區縣民大道 3 段 93 巷 30 弄 25 號 1 樓
電話：02-32343788　傳真：02-22234544
E-mail：pftwsdom@ms7.hinet.net
印　刷　百通科技股份有限公司
電話：02-86926066 傳真：02-86926016
總 經 銷　貿騰發賣股份有限公司
新北市 235 中和區立德街 136 號 6 樓
電話：02-82275988　傳真：02-82275989
網址：www.namode.com
版　次　2024 年 1 月初版—刷
特　價　新台幣 480 元（缺頁或破損的書，請寄回更換）

ISBN-13：978-626-7296-72-1